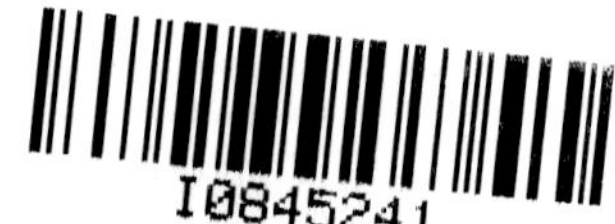
I0845241

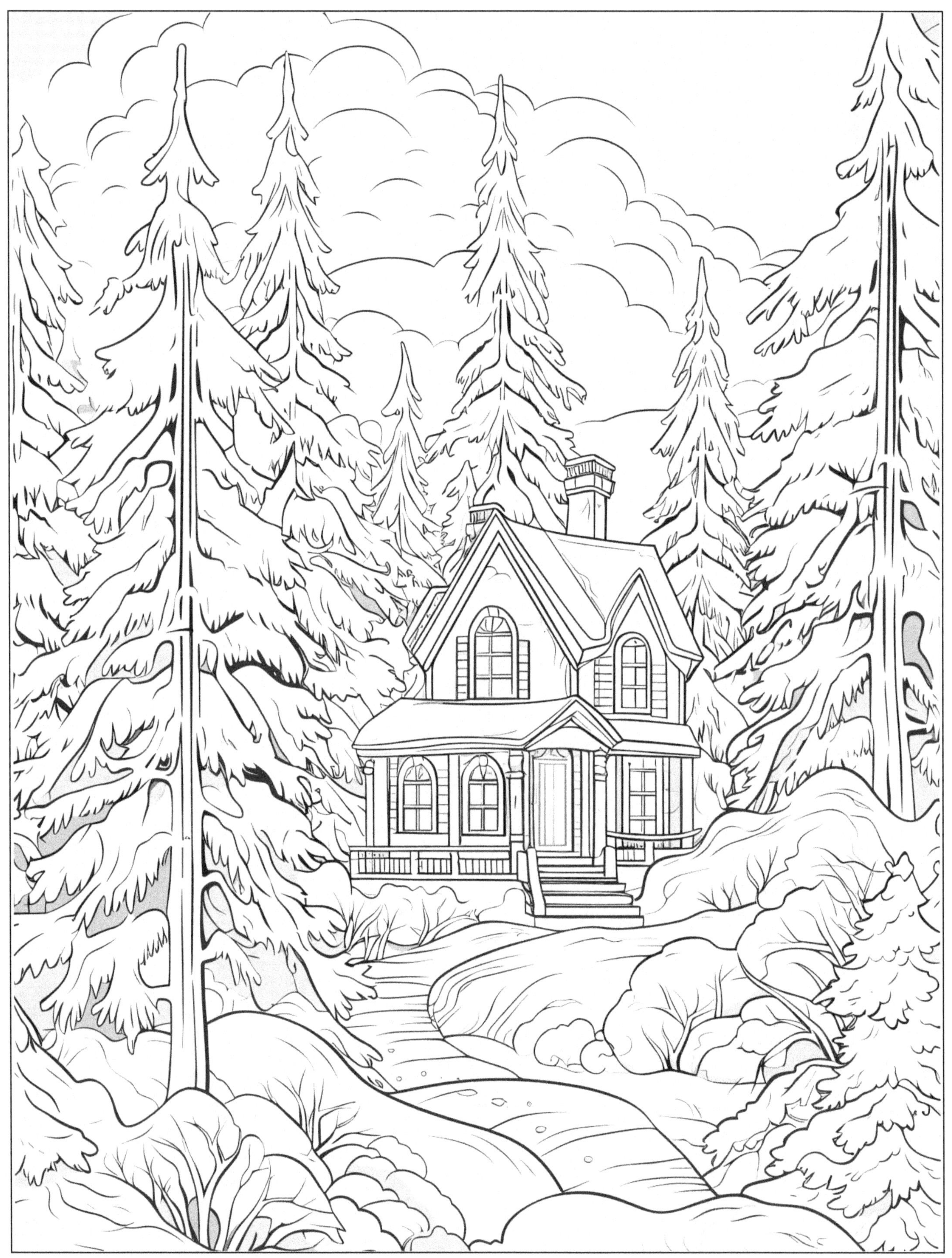

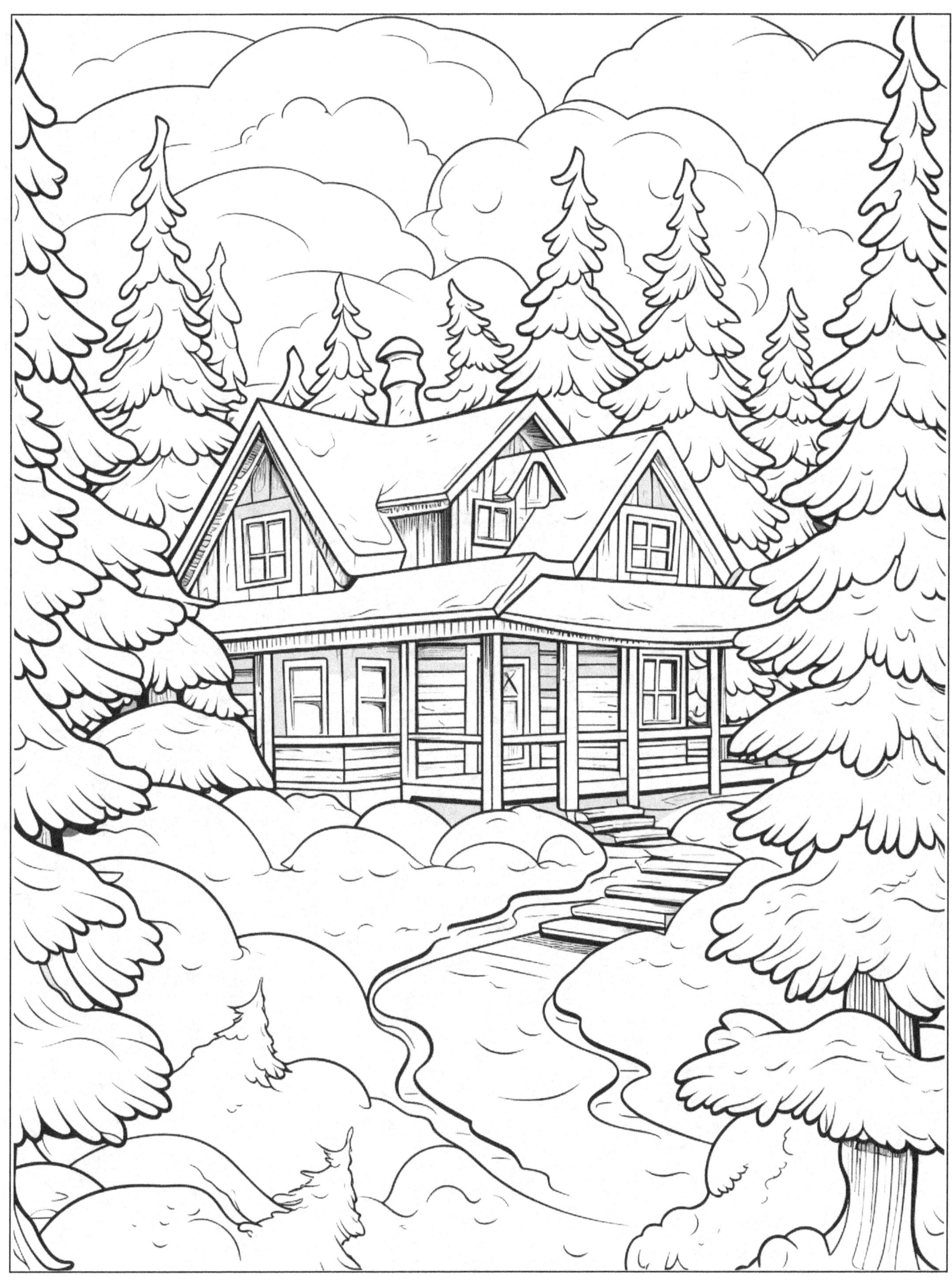

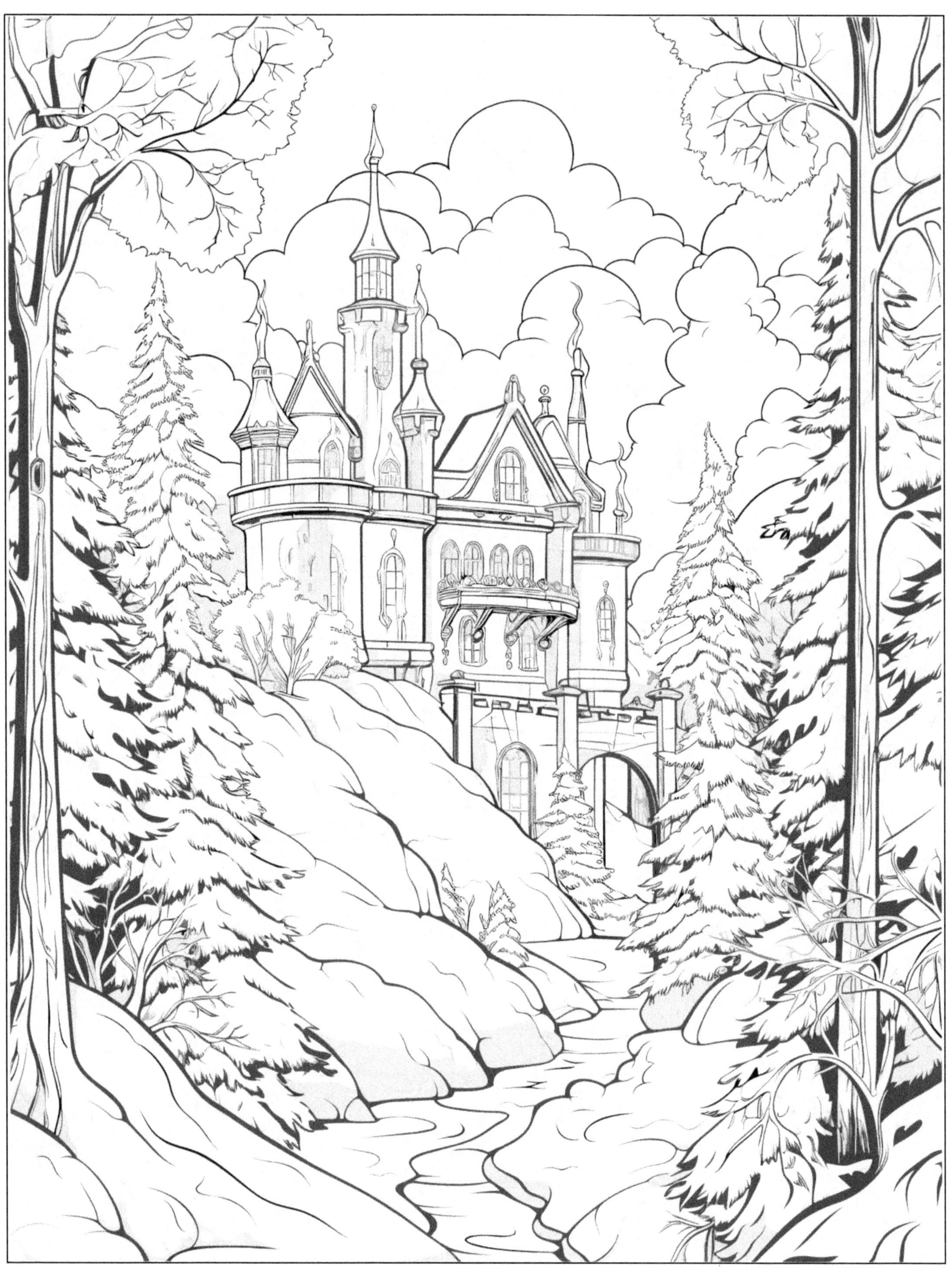

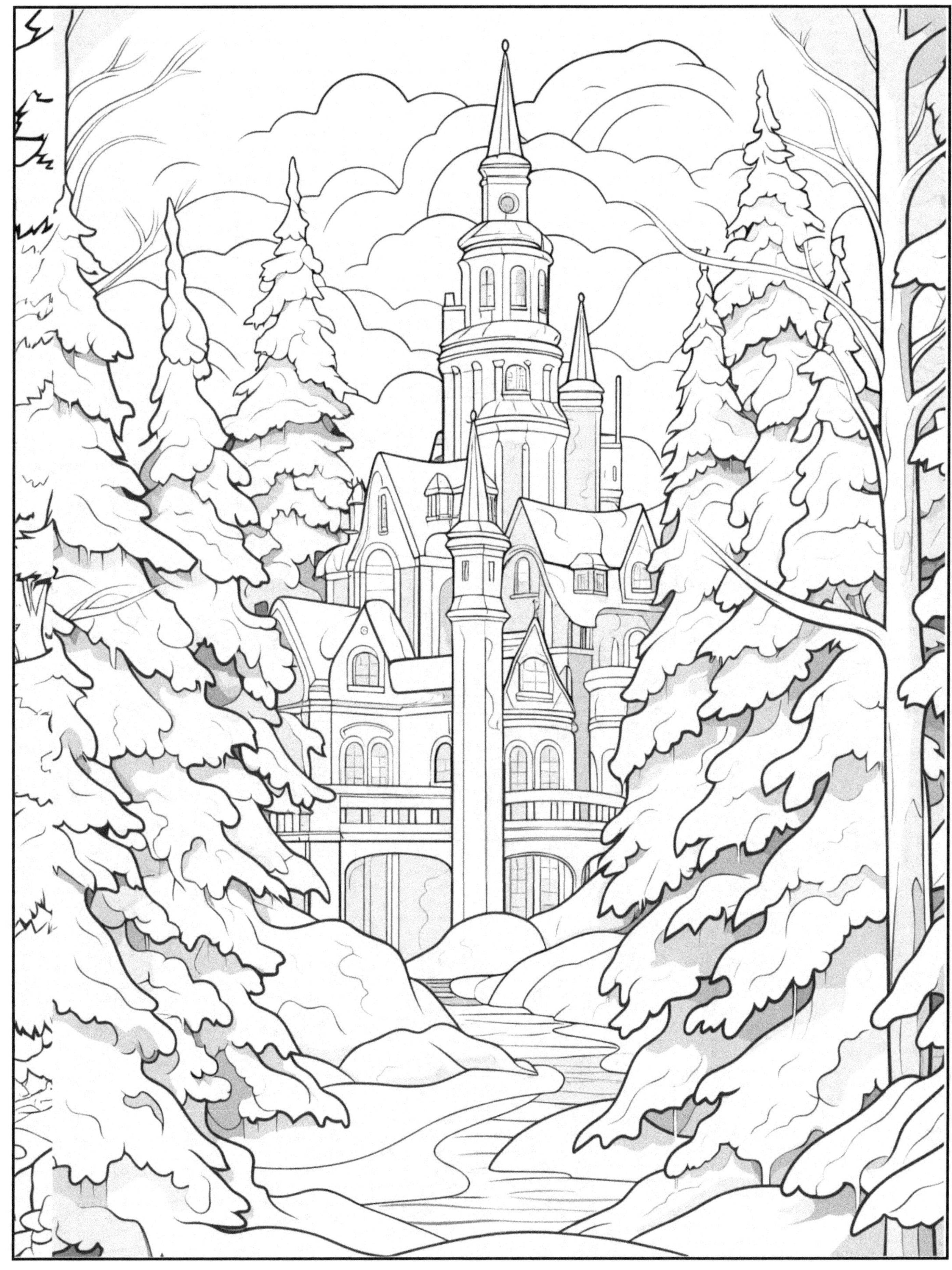

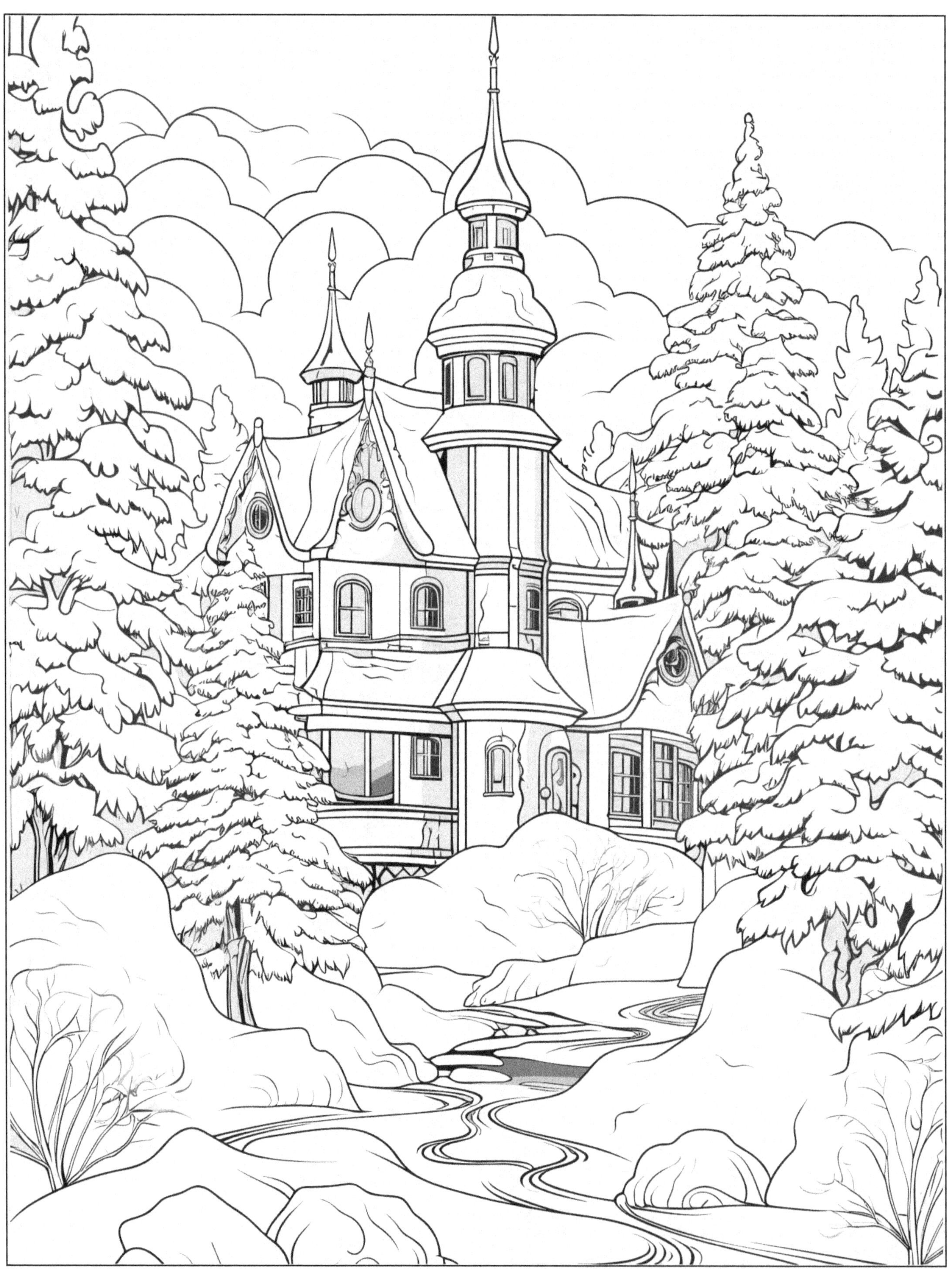

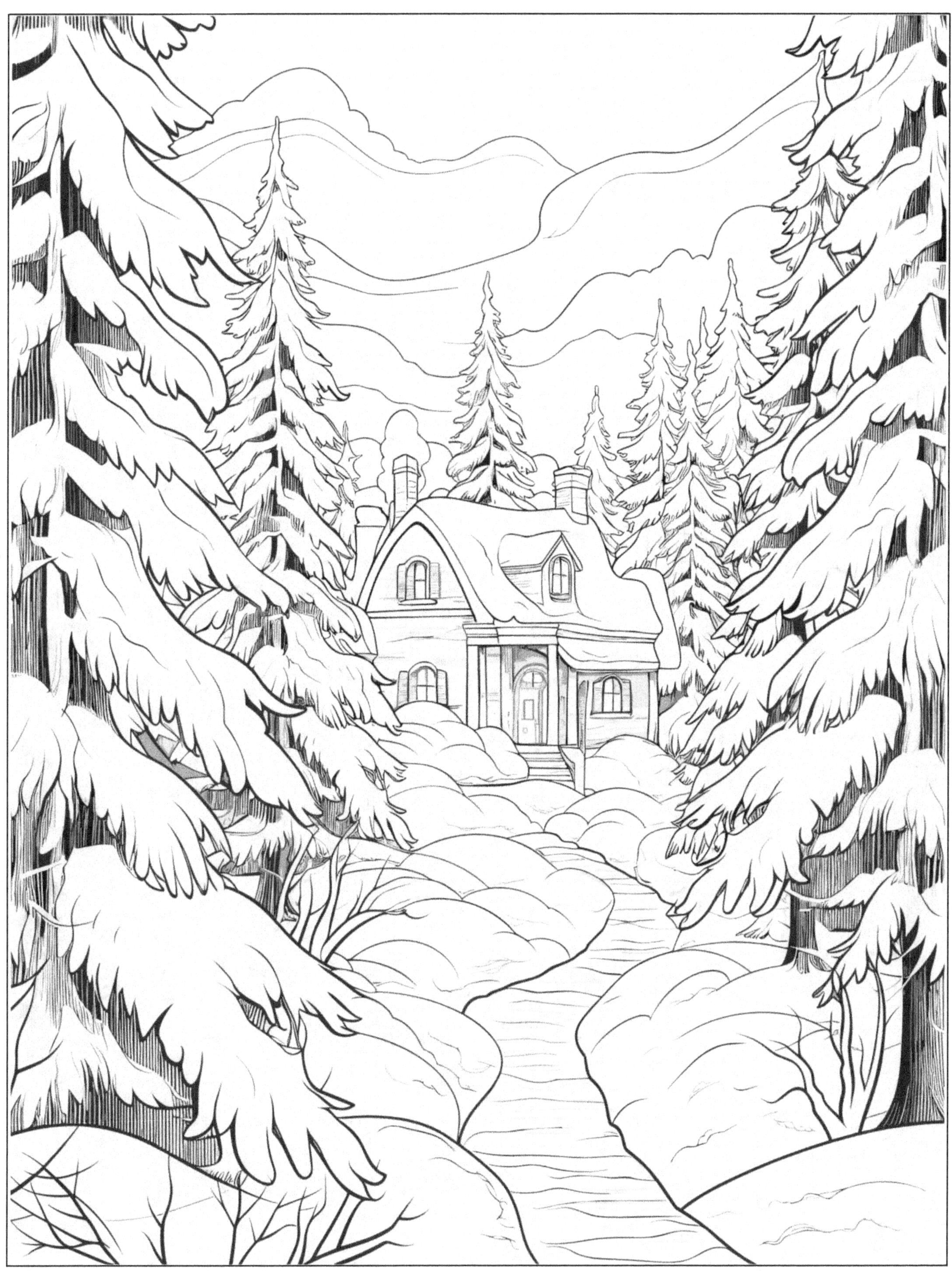

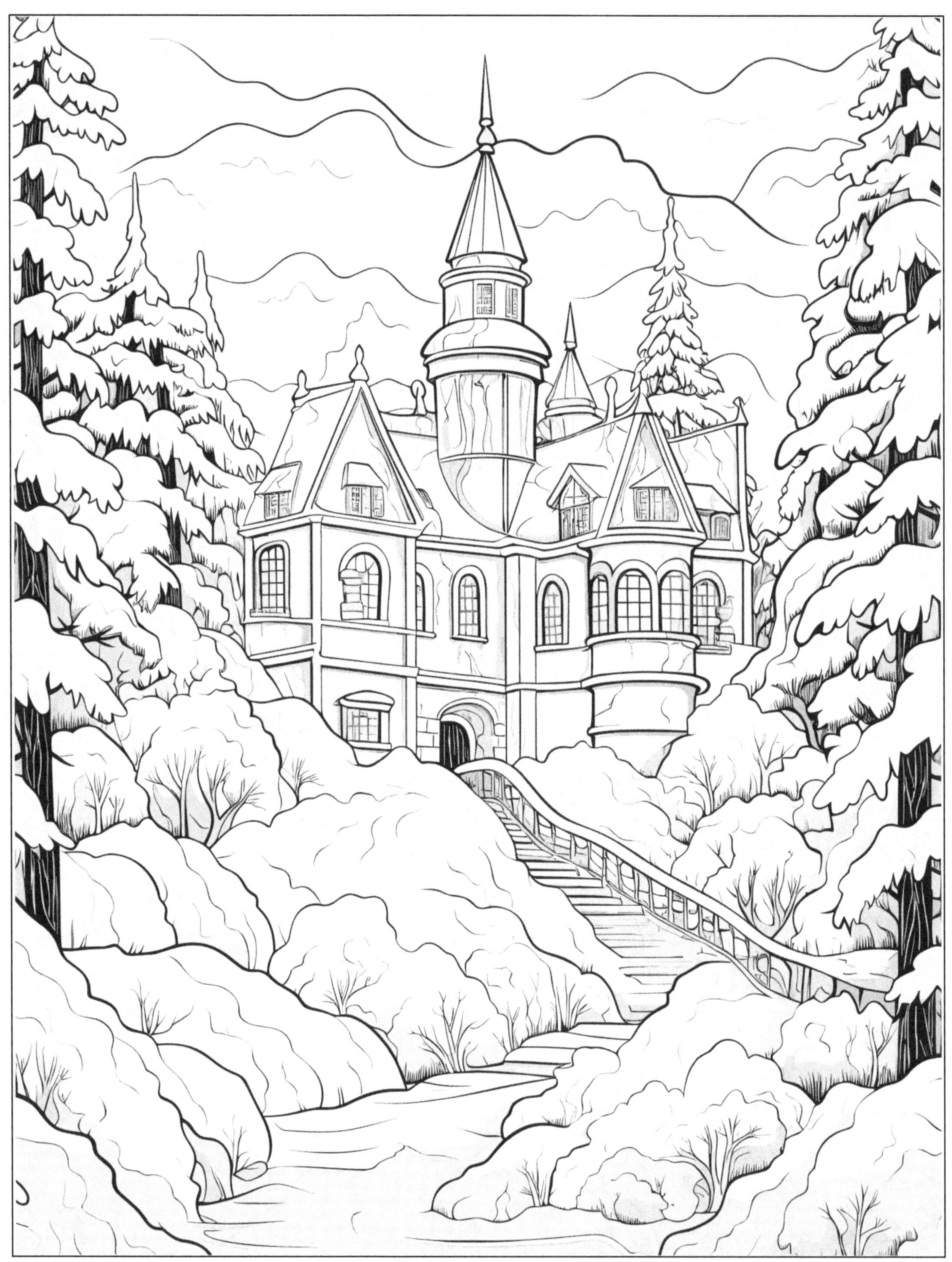

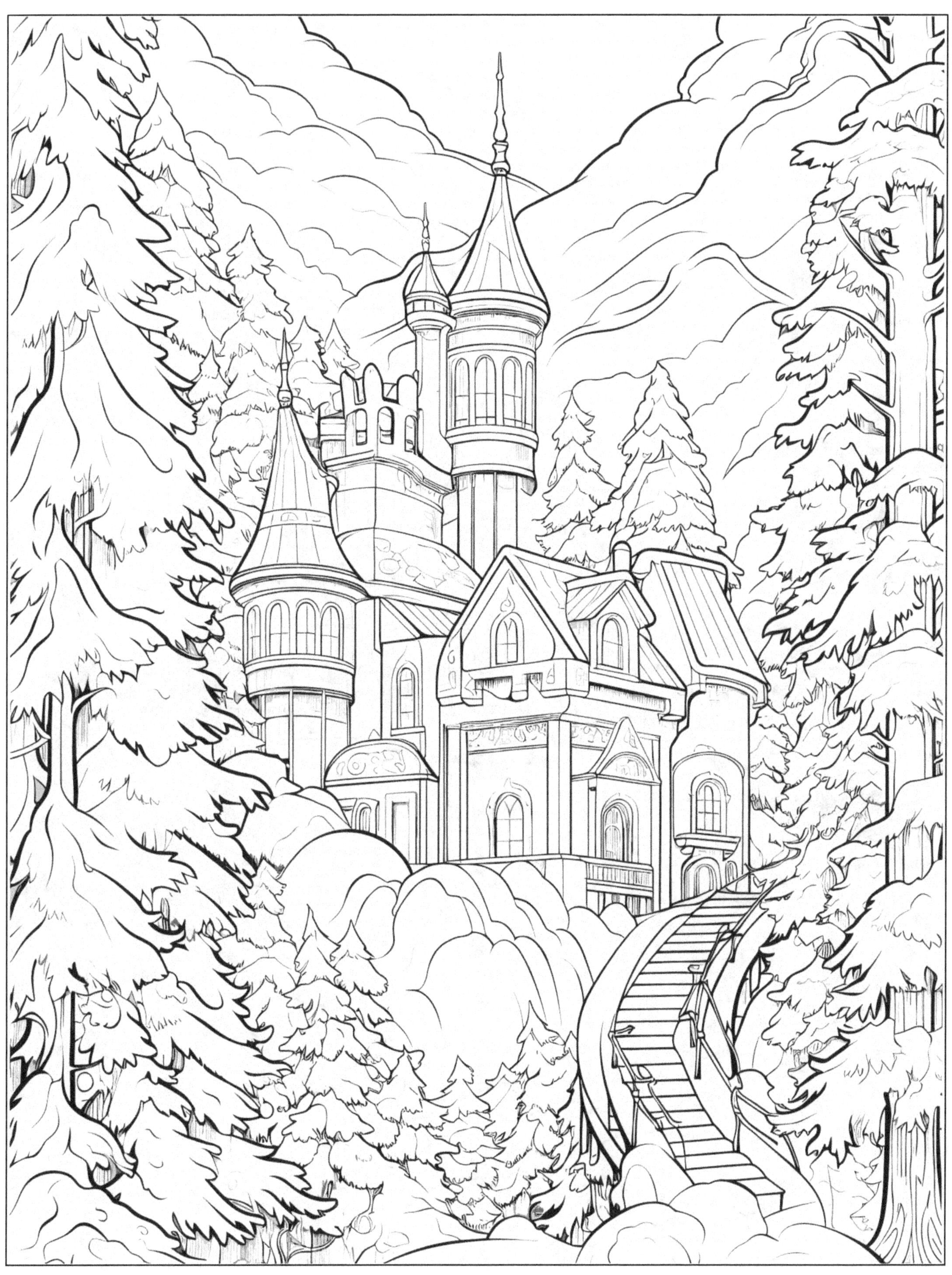

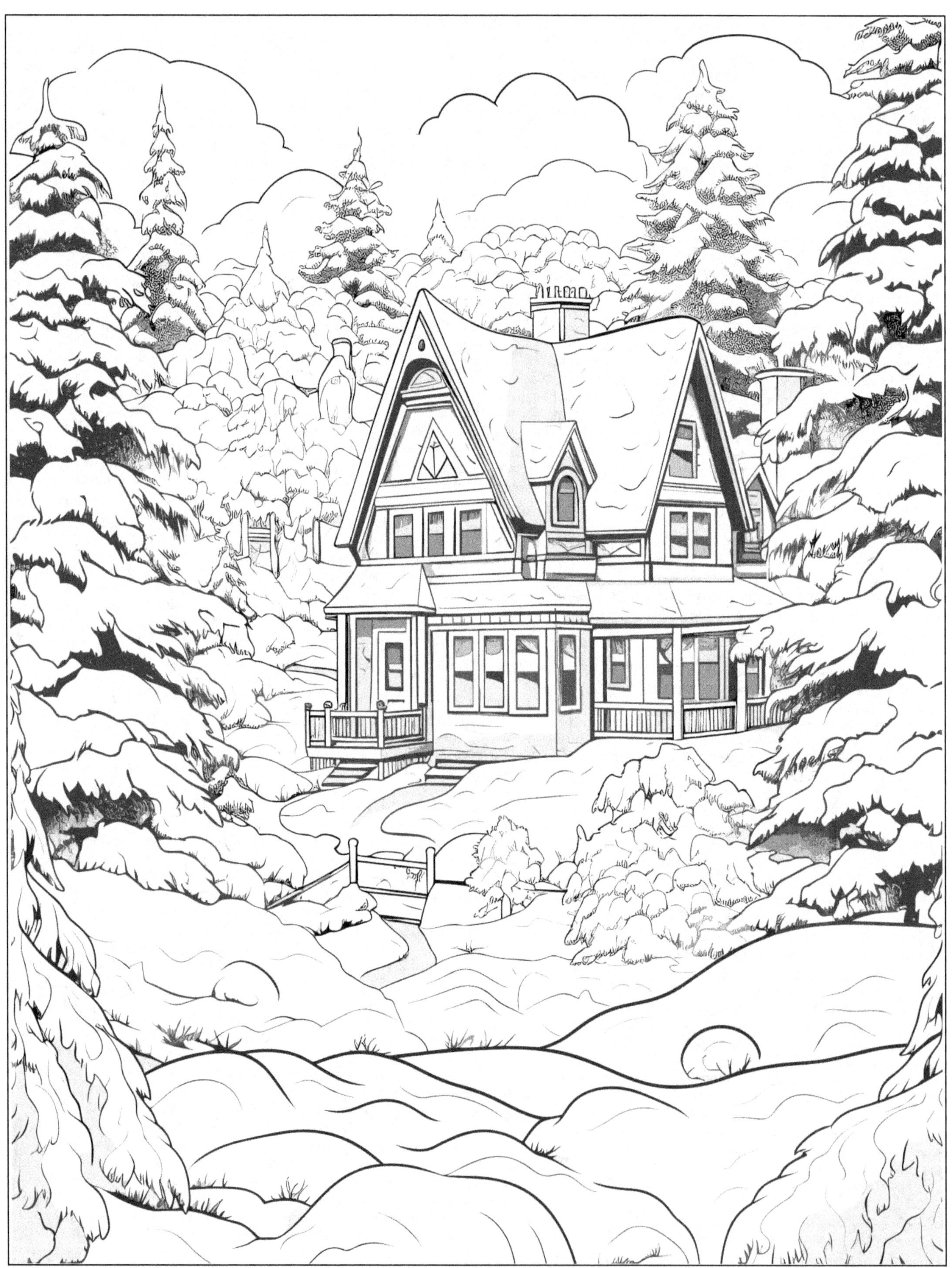

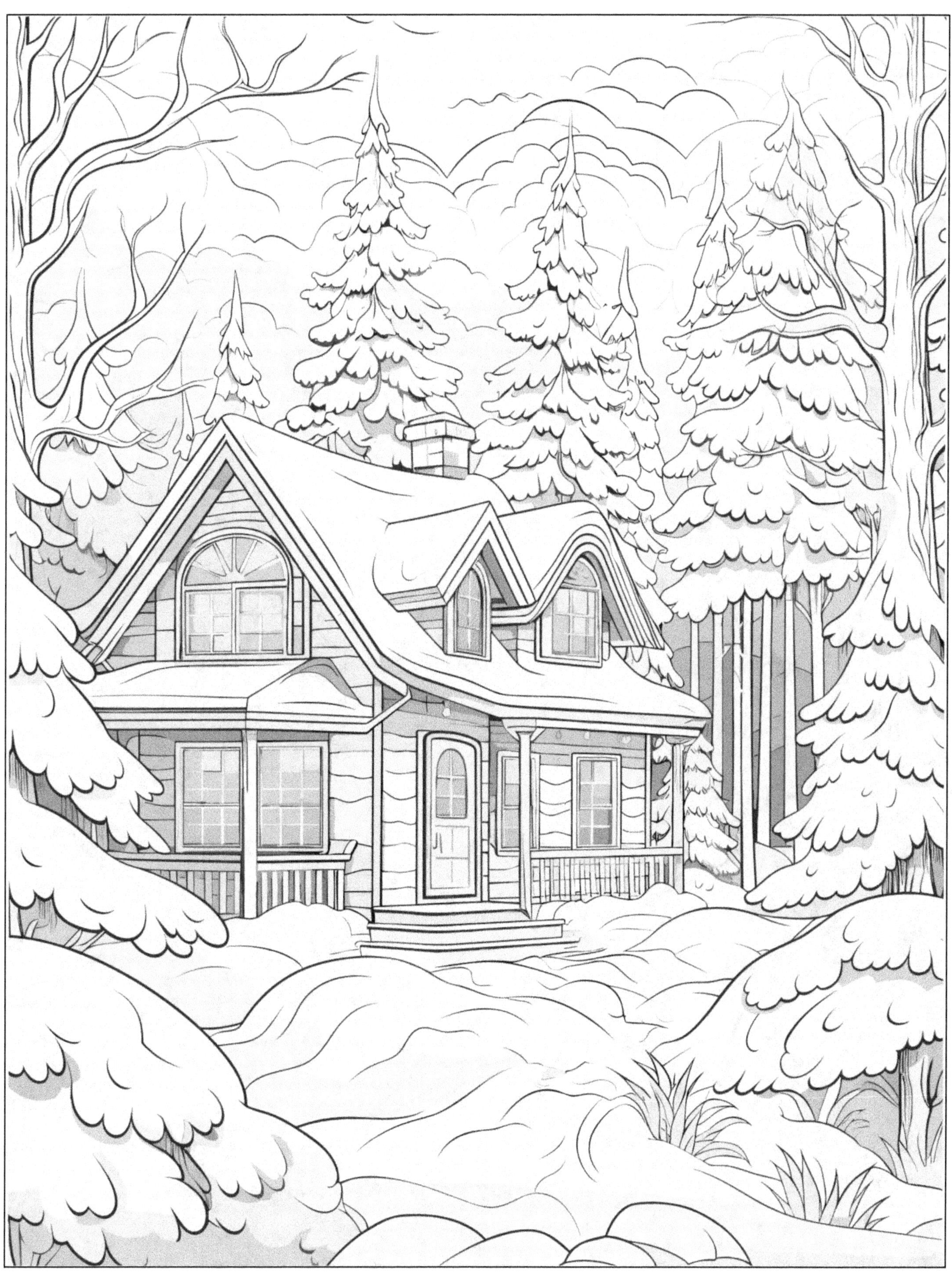

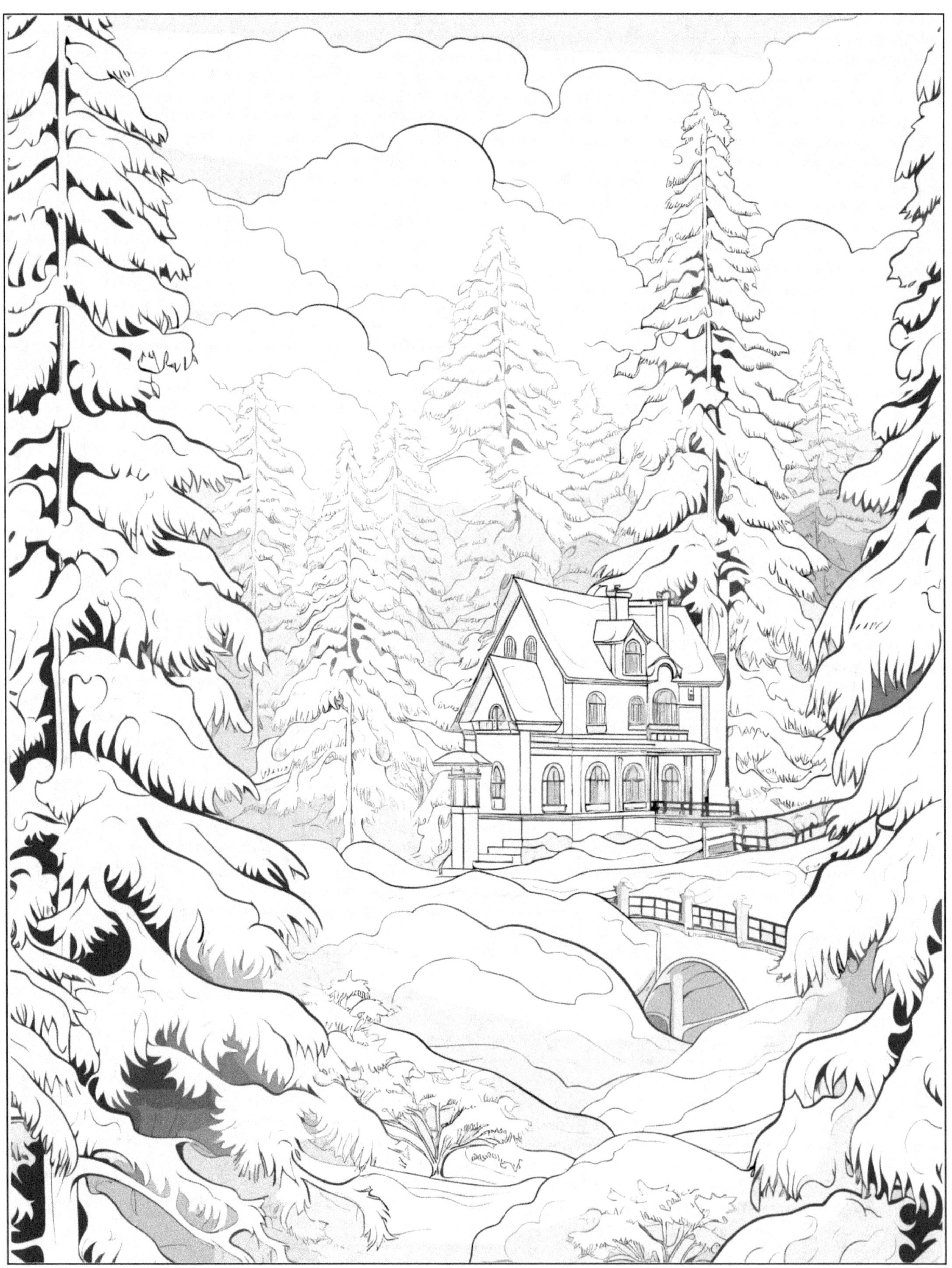

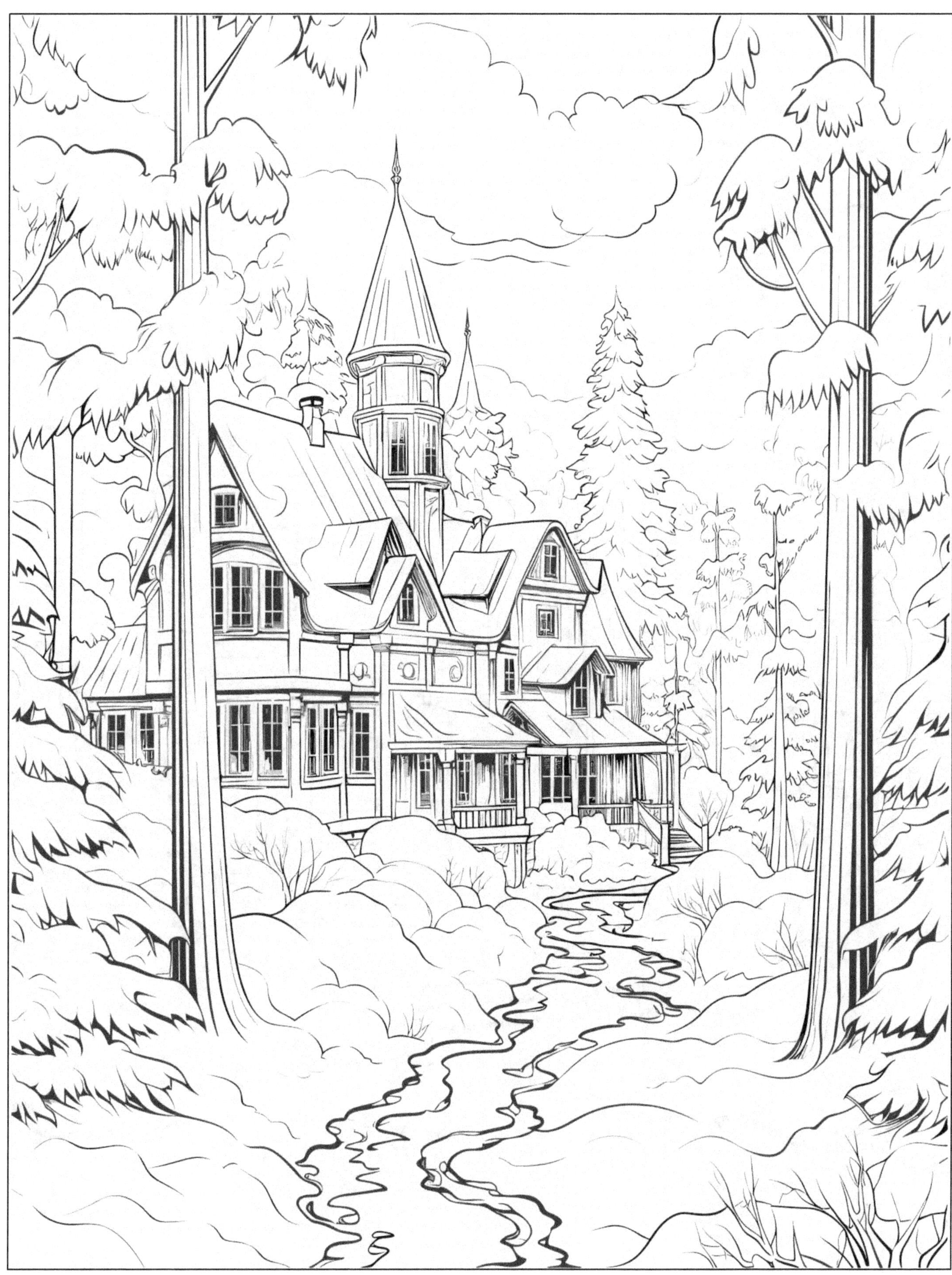

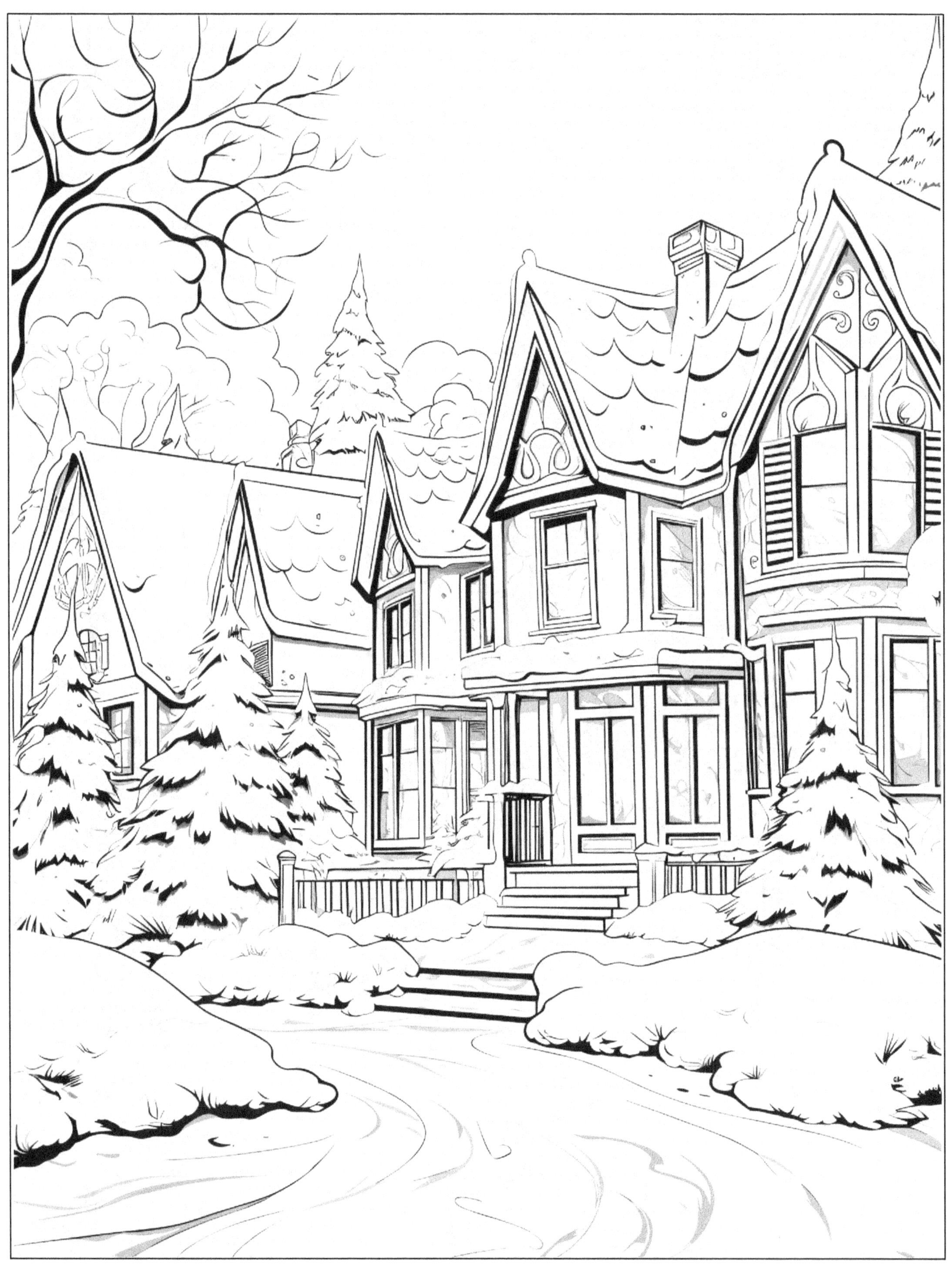

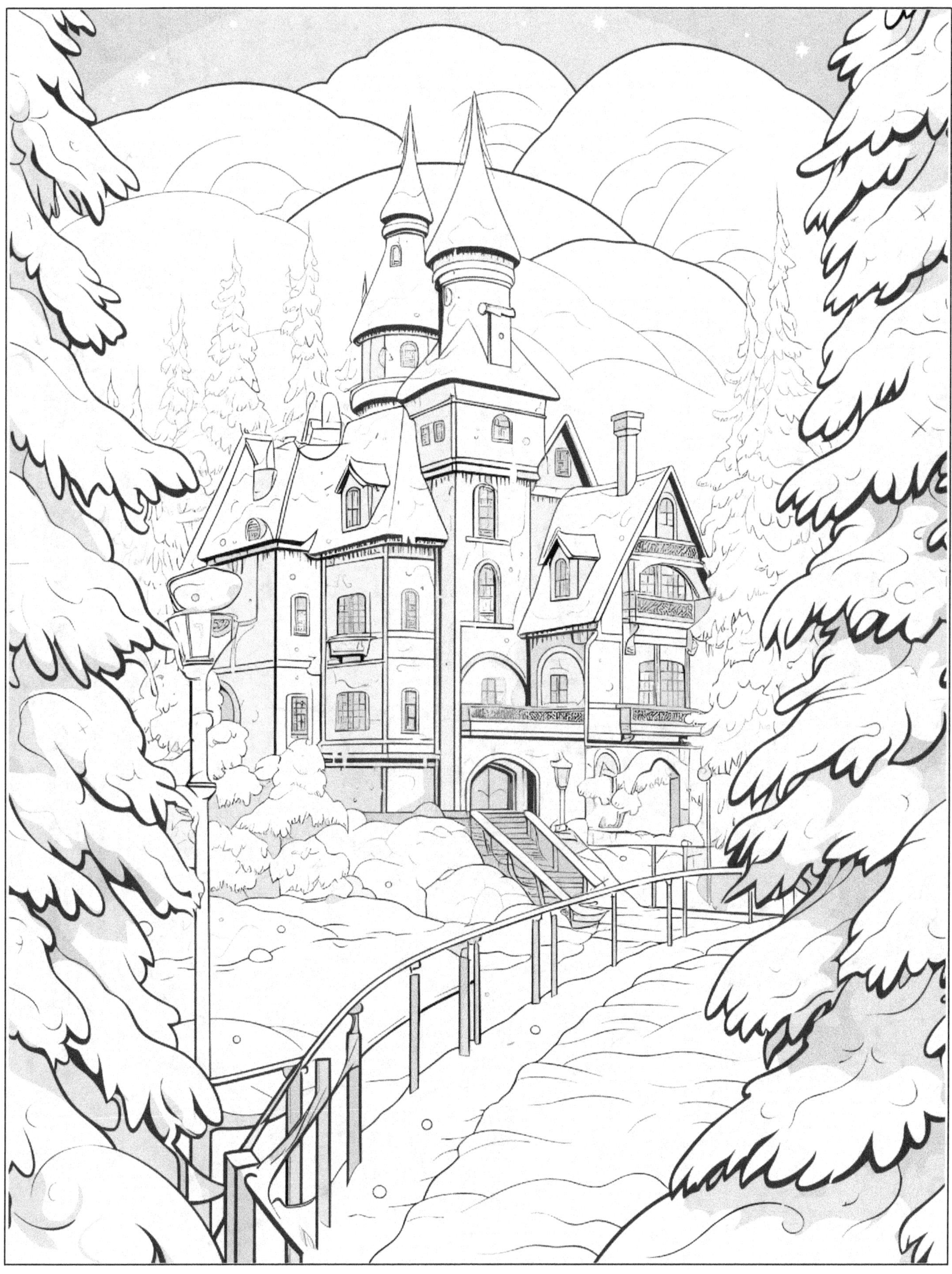

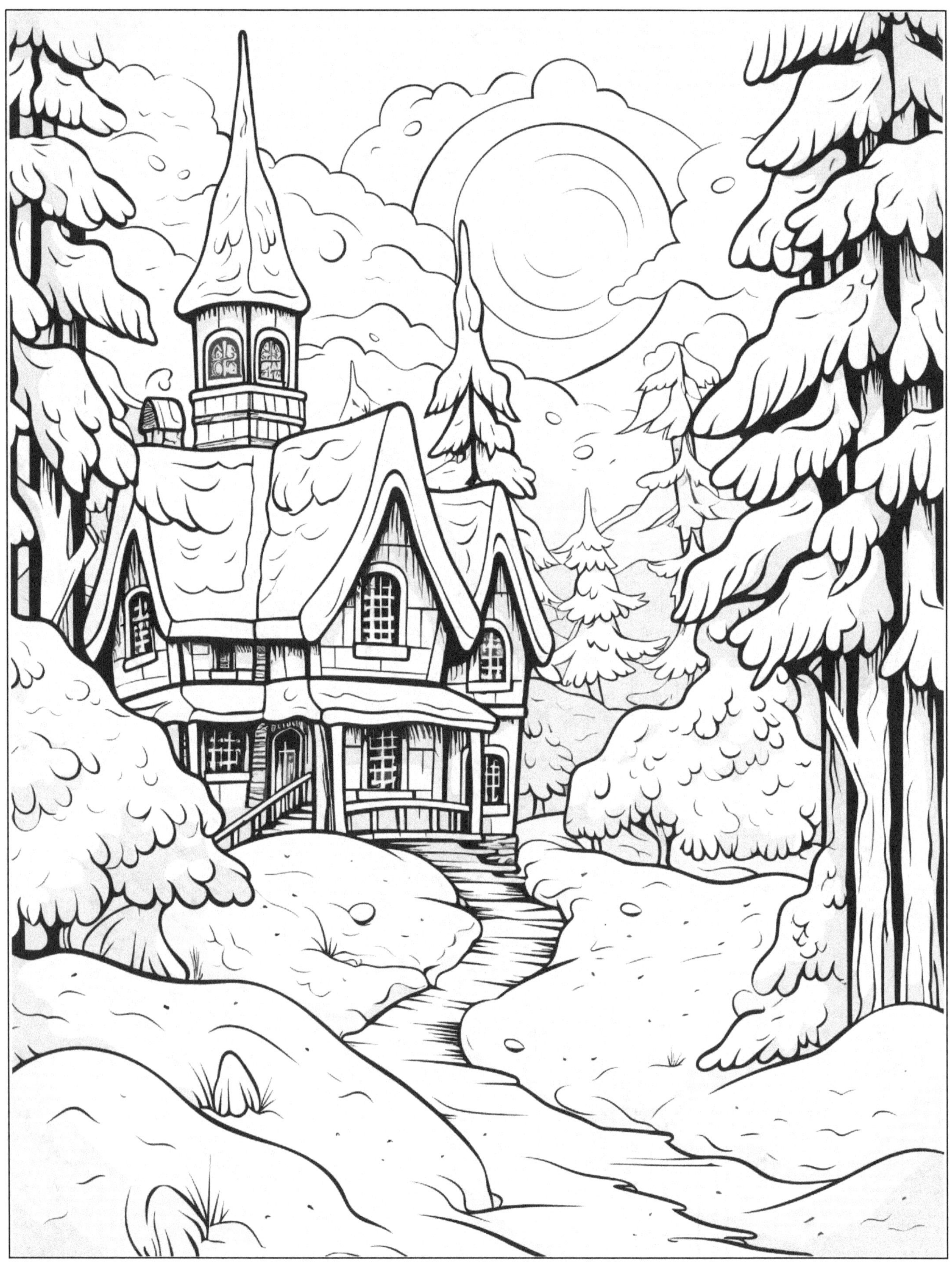

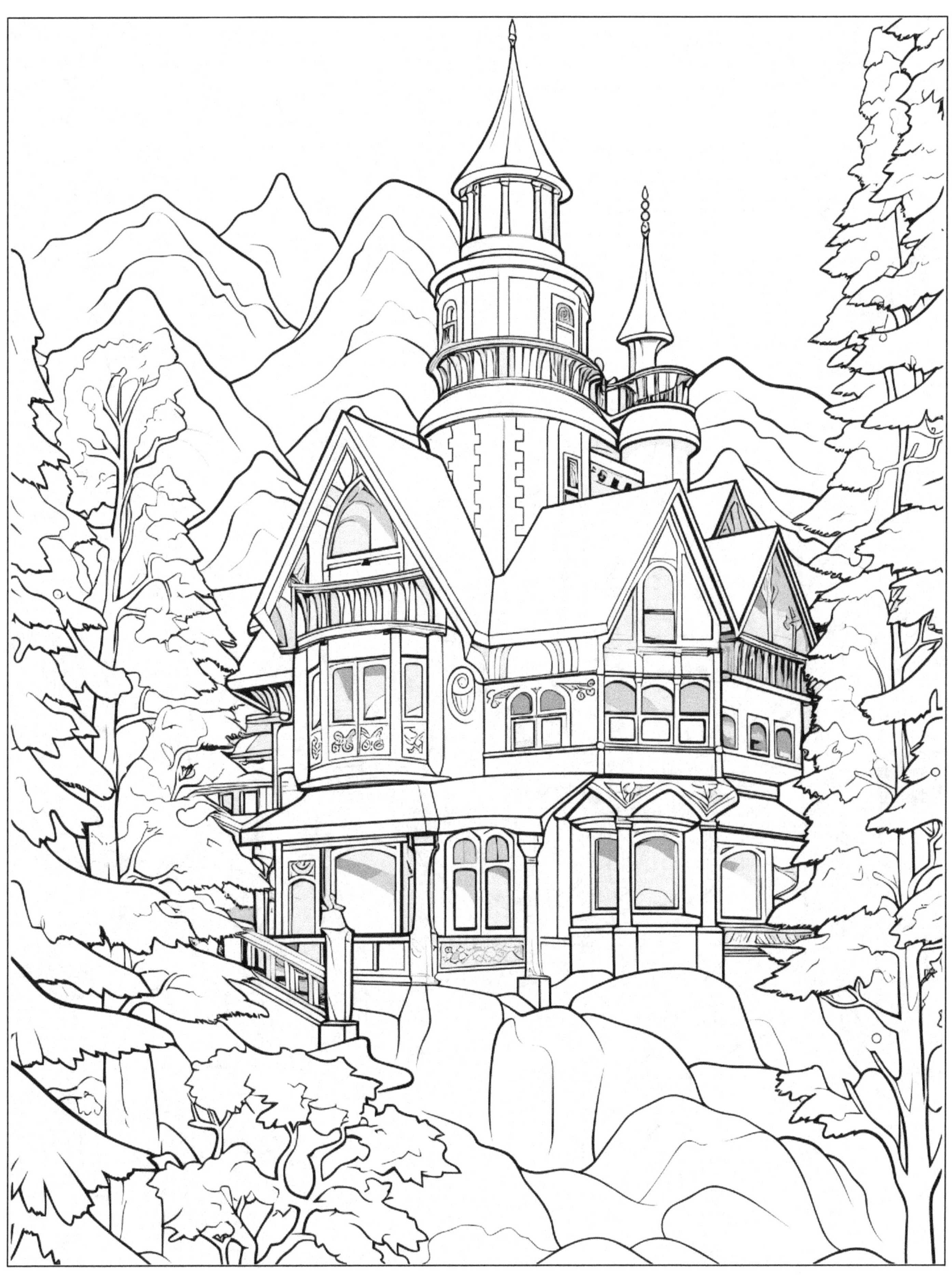

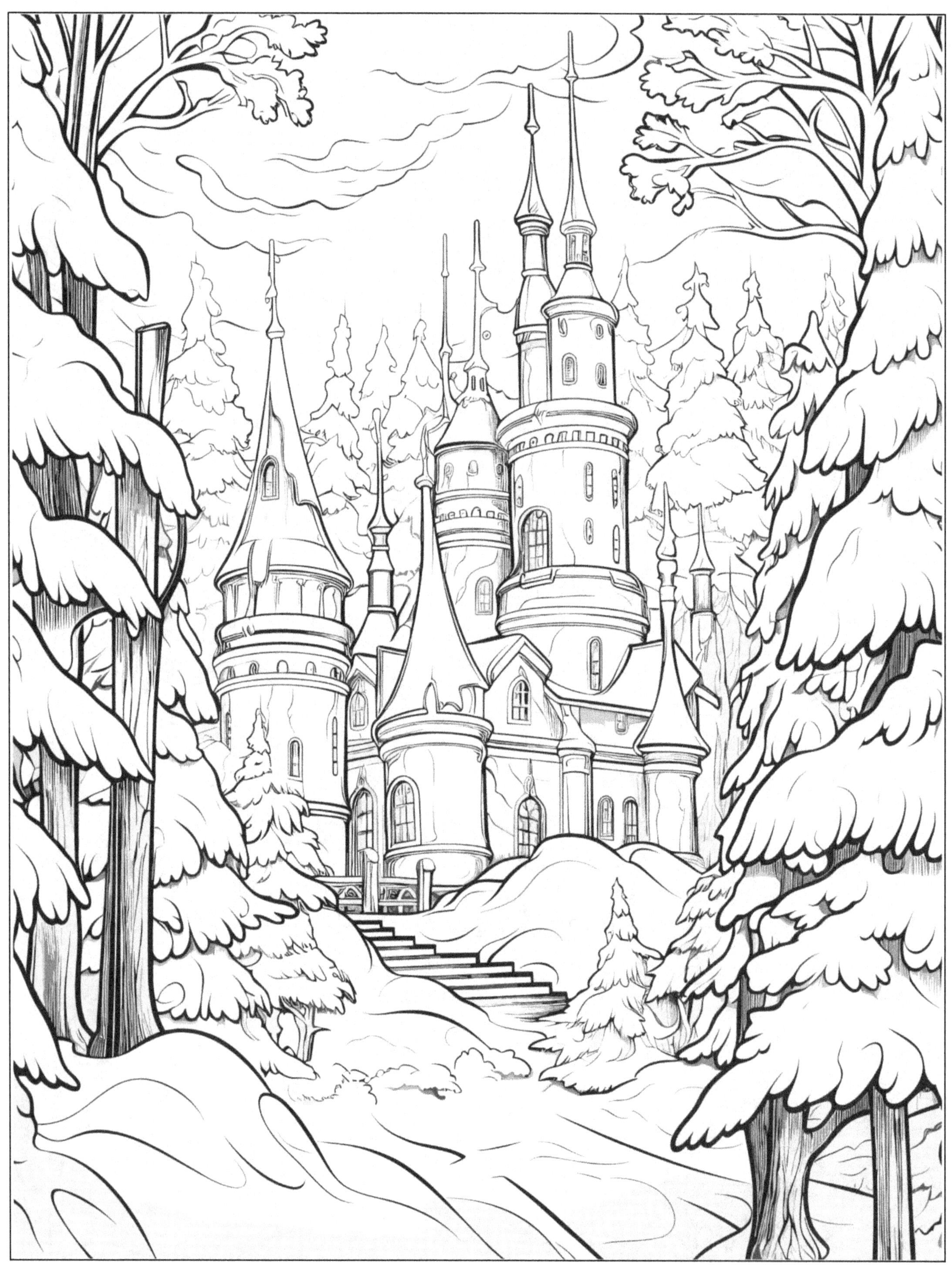

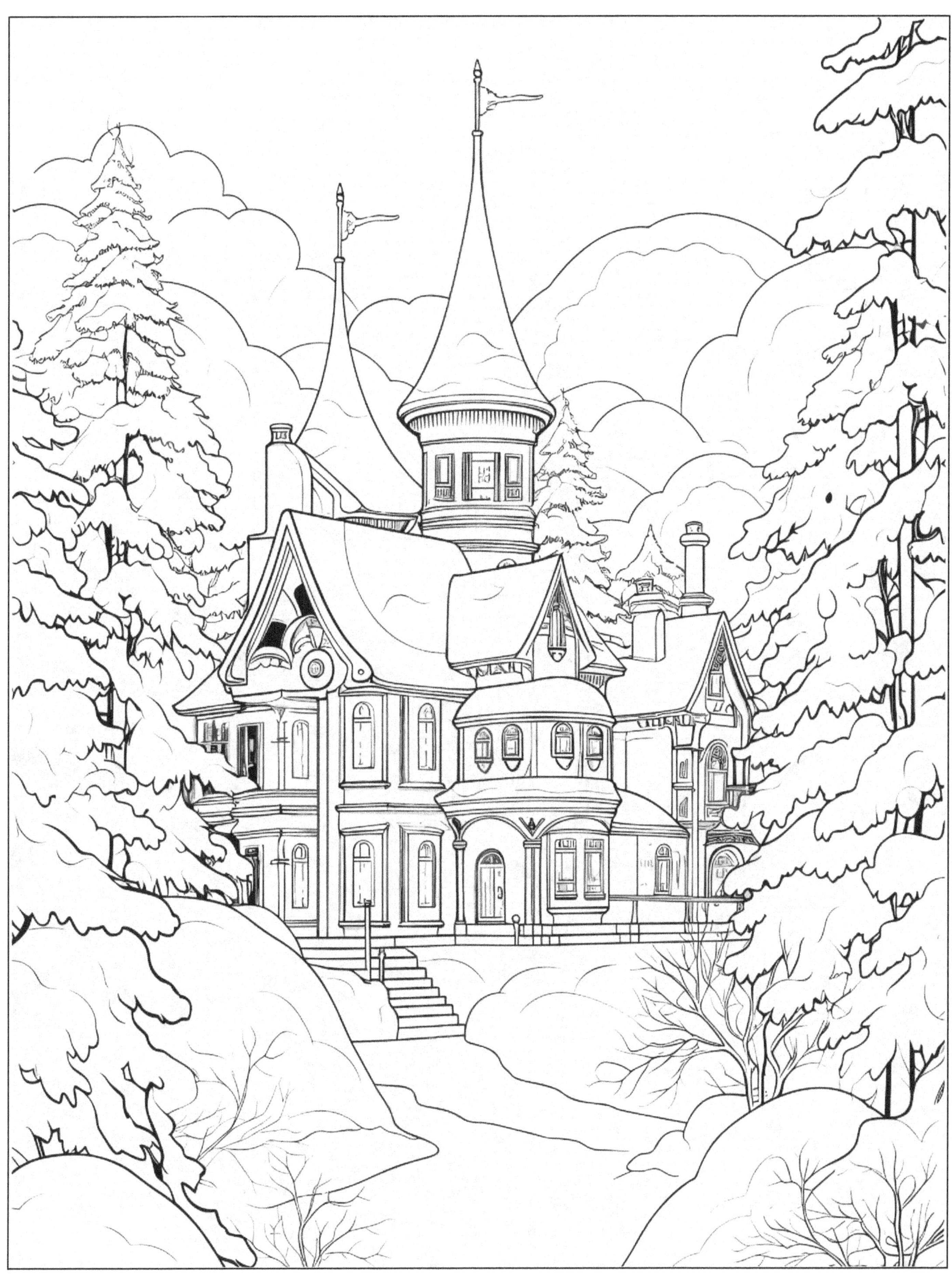

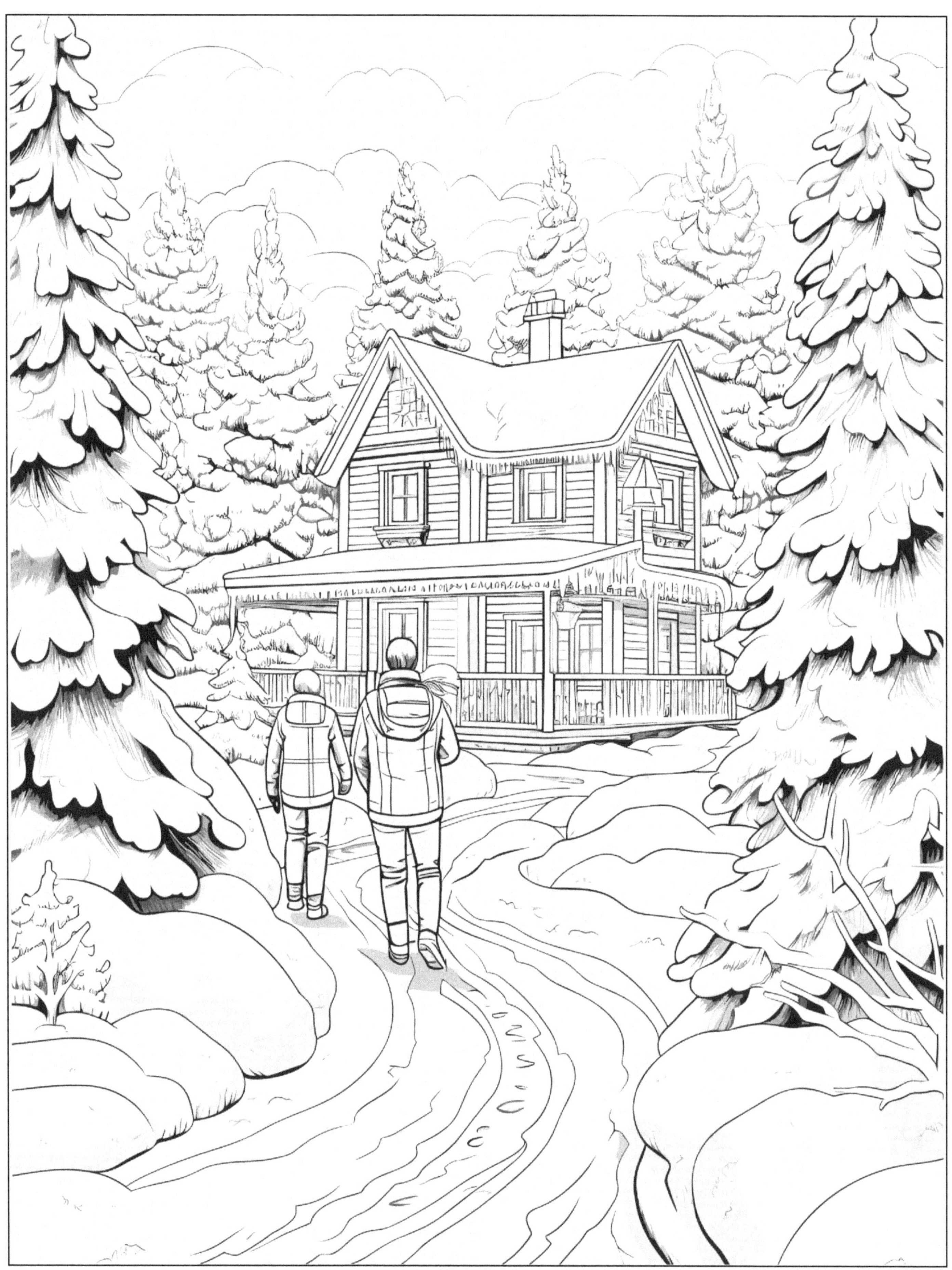

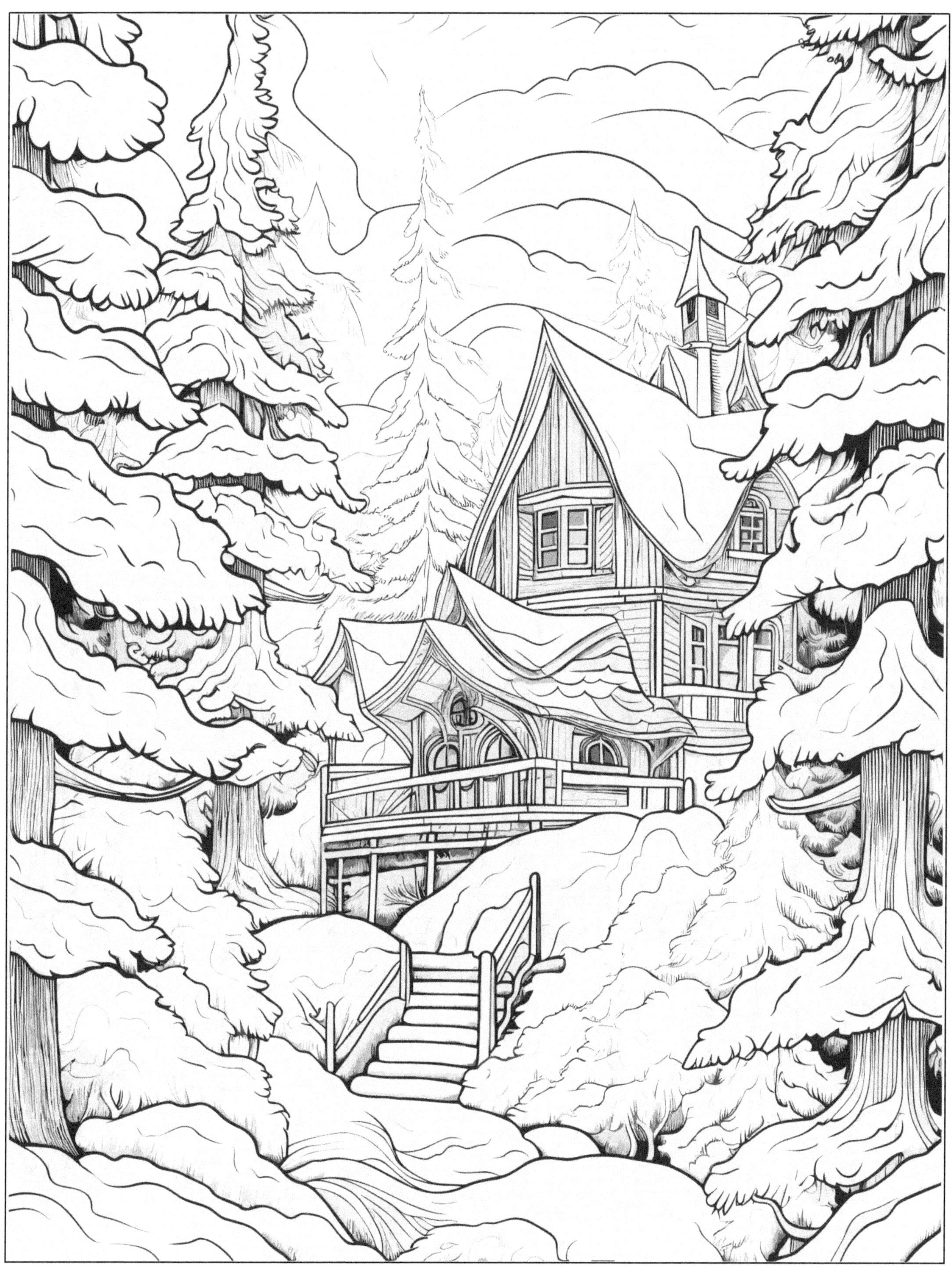

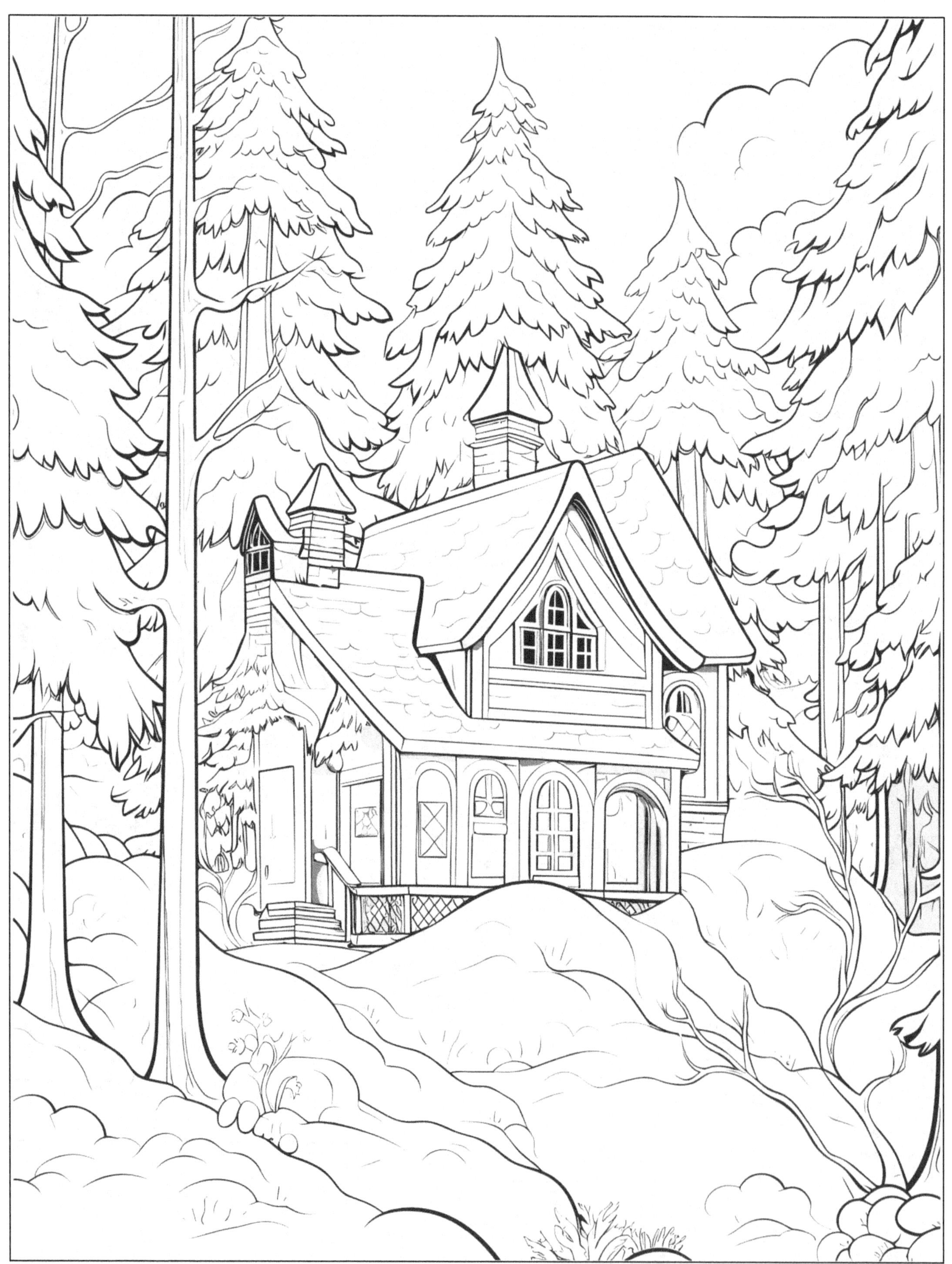

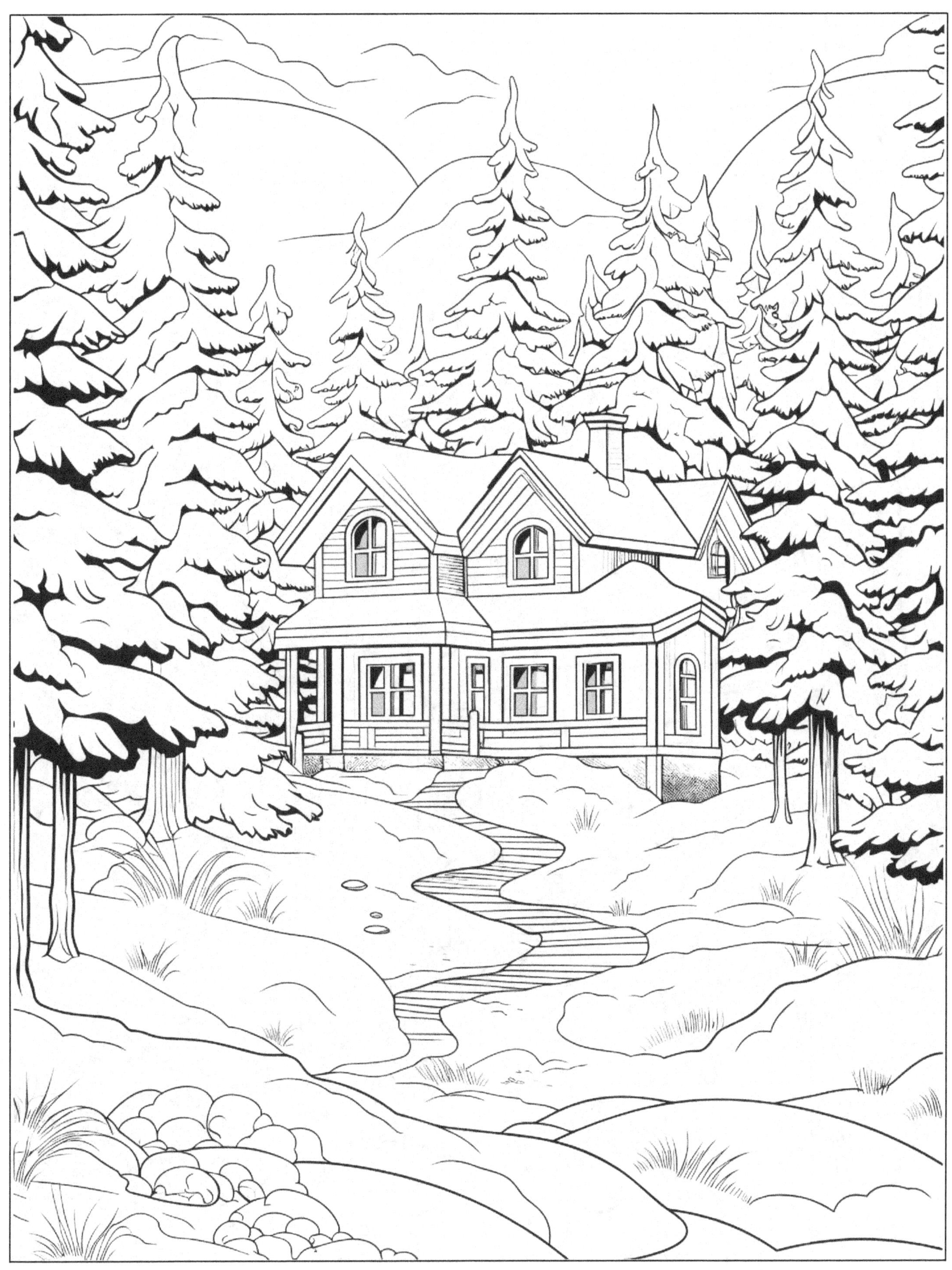

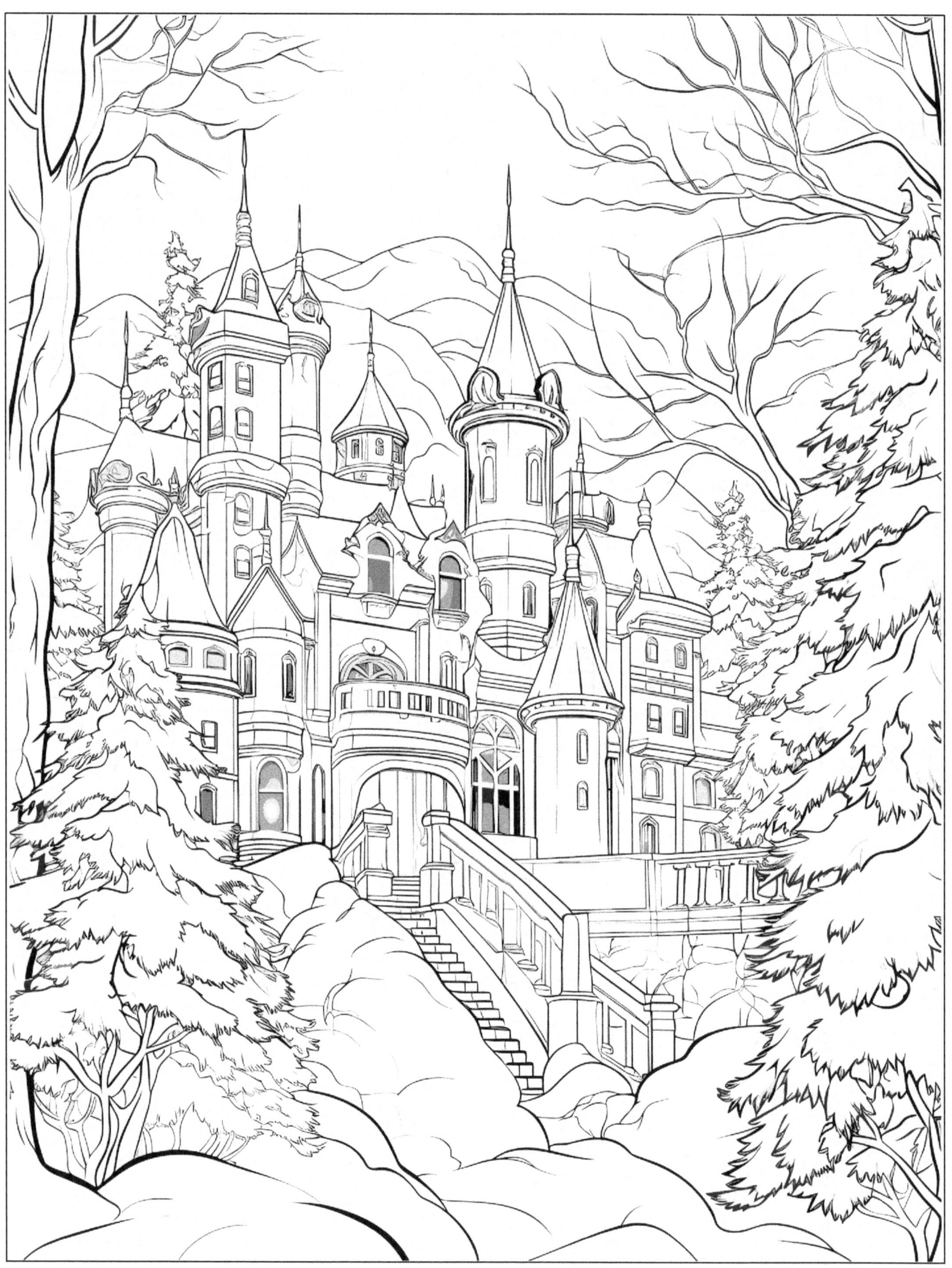

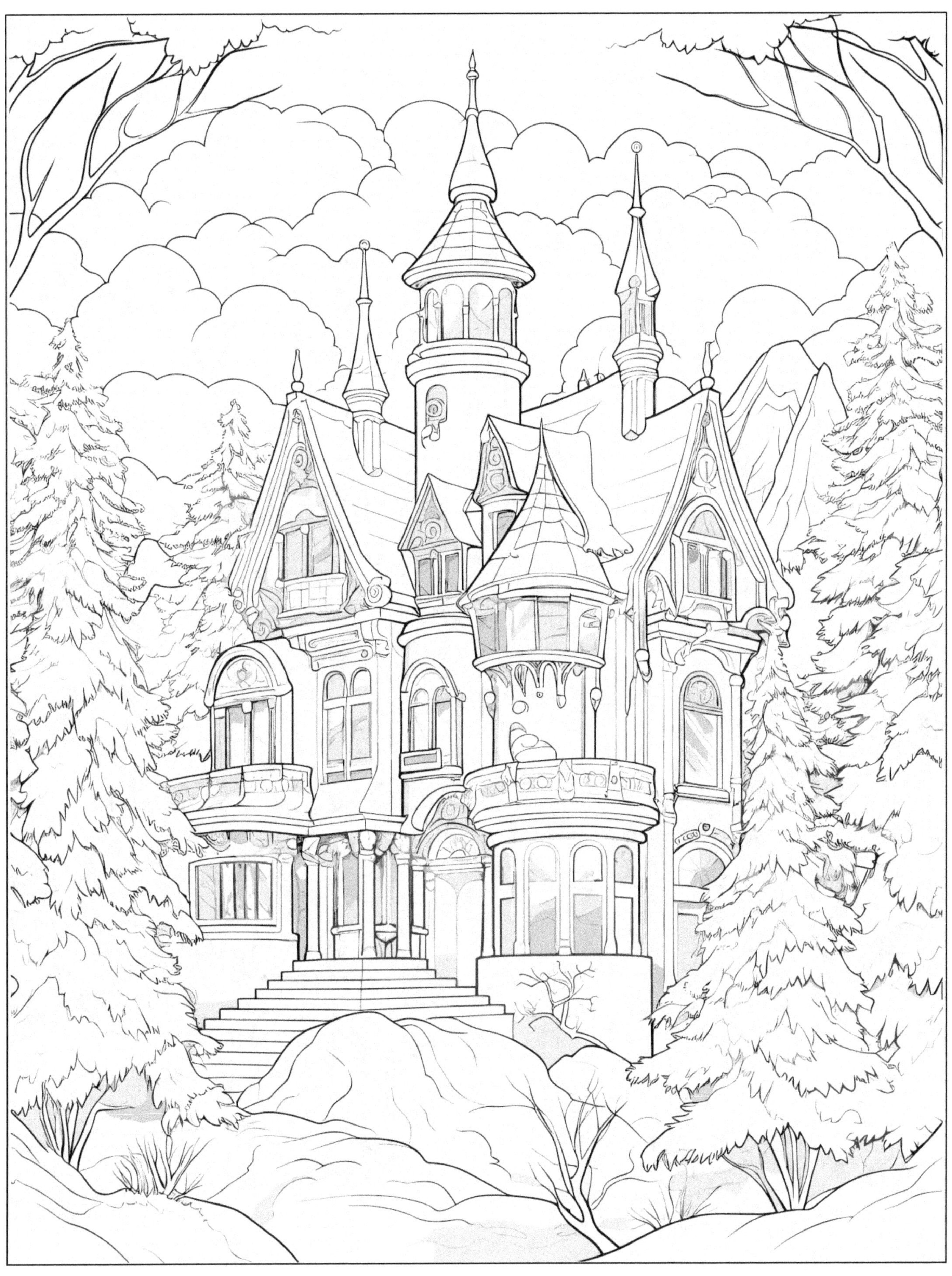

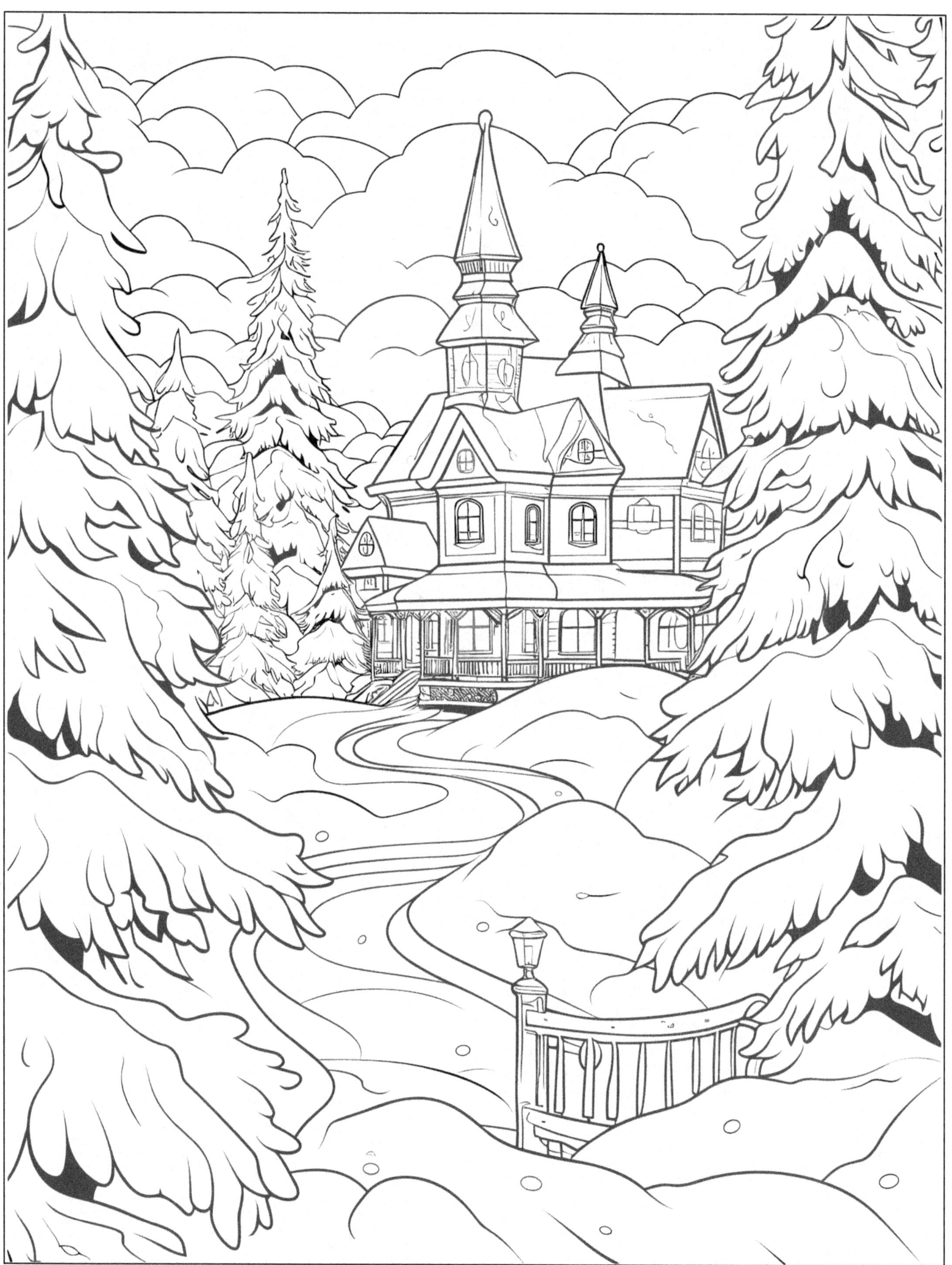

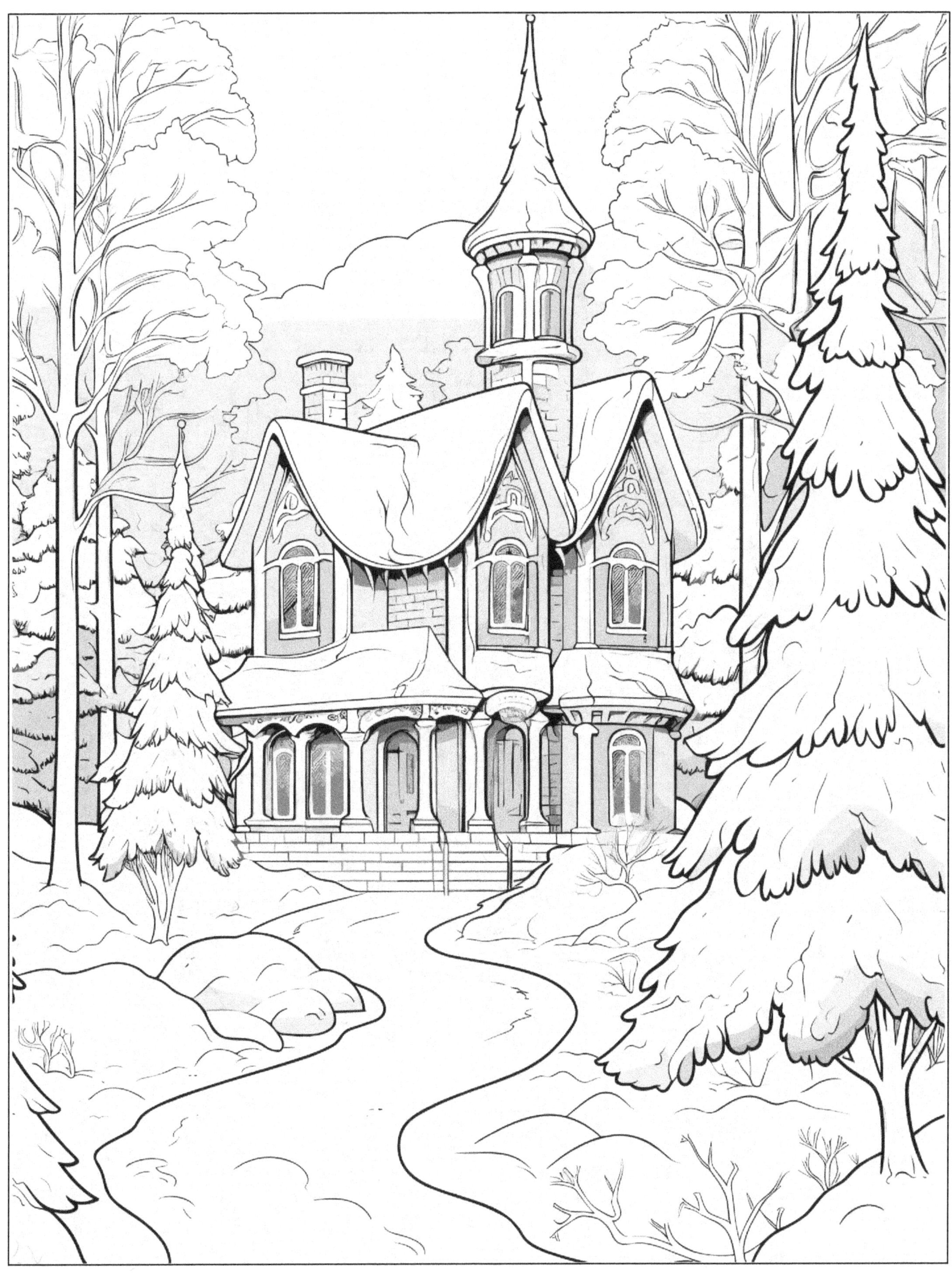

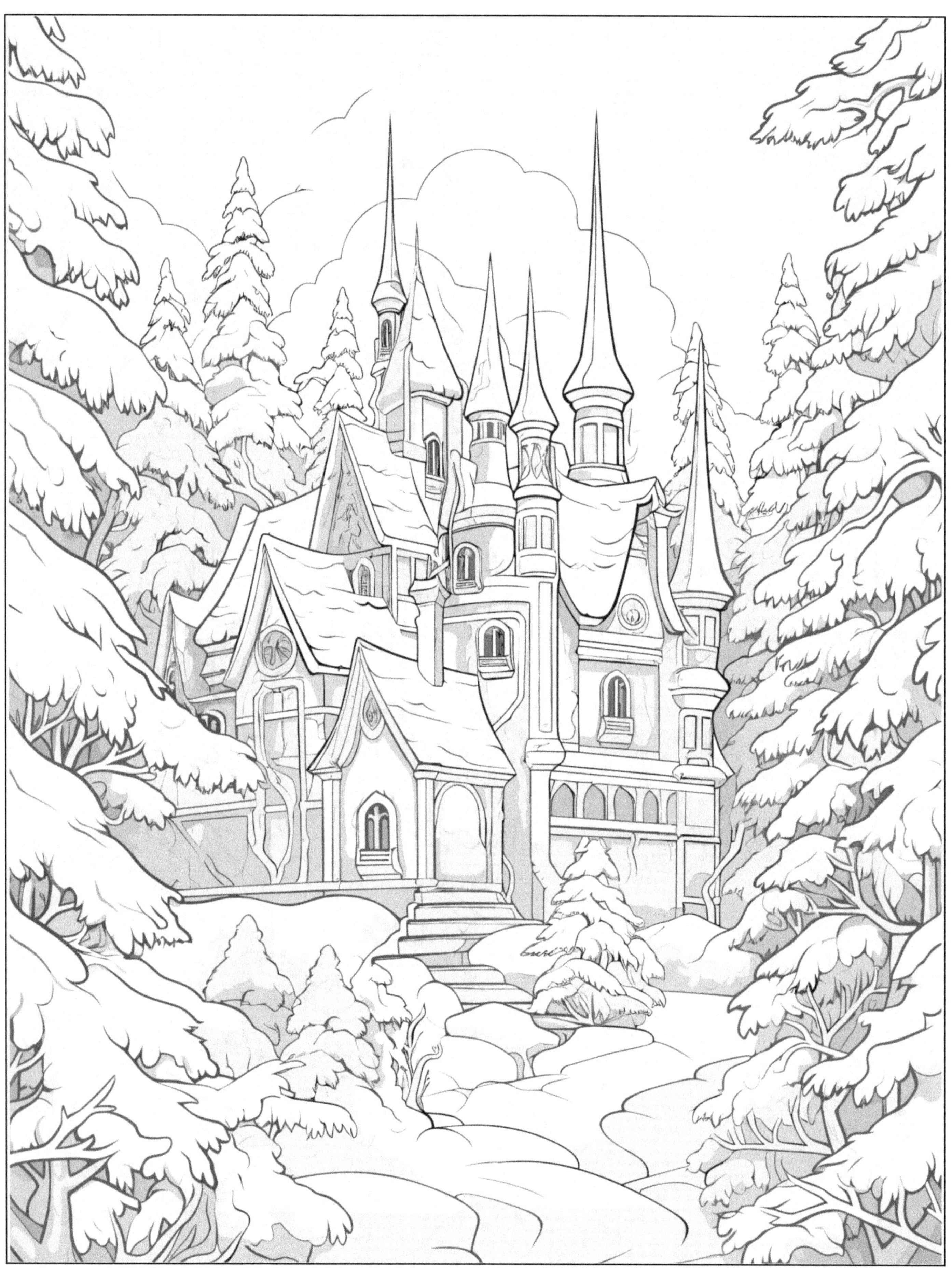

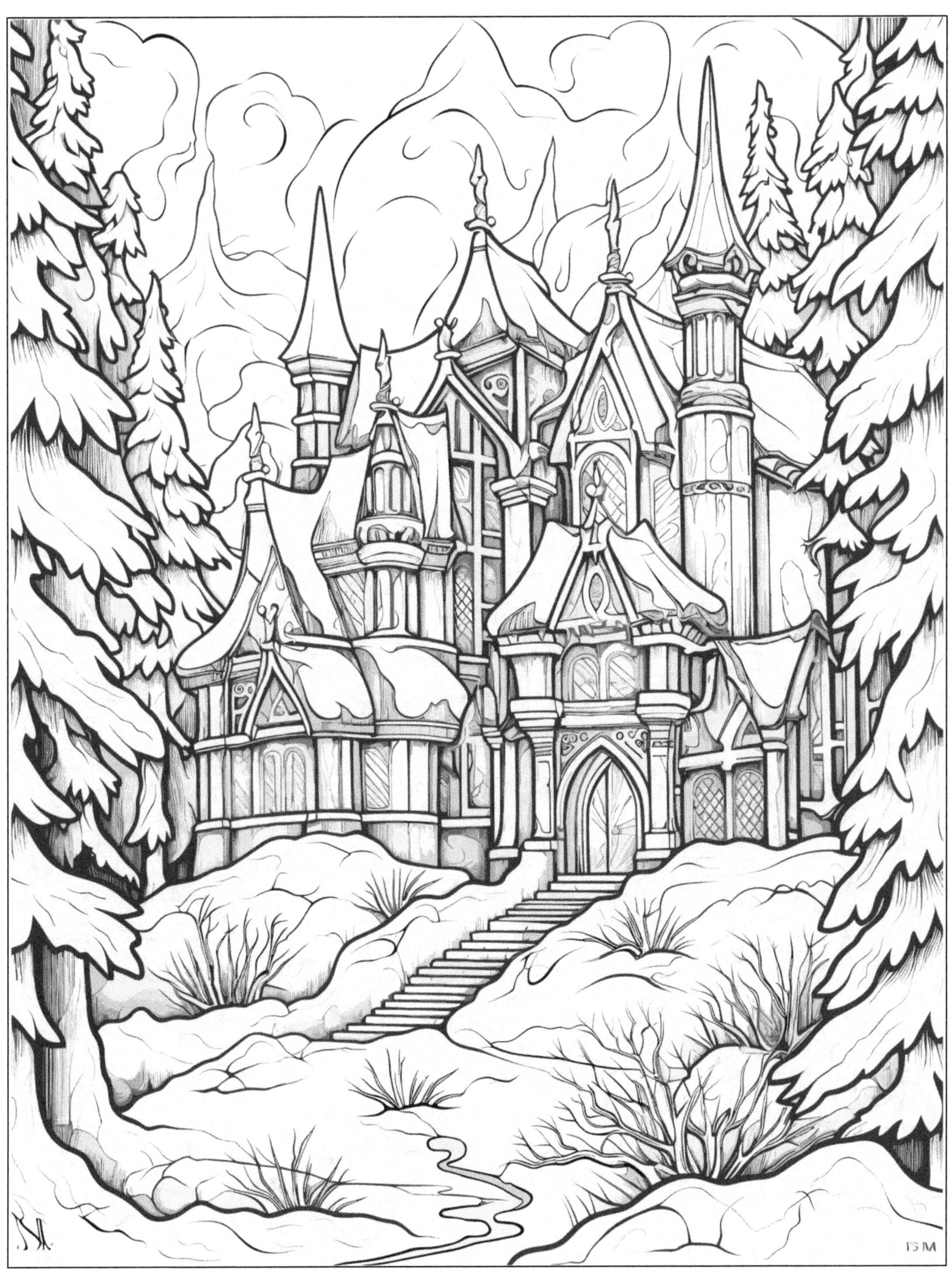

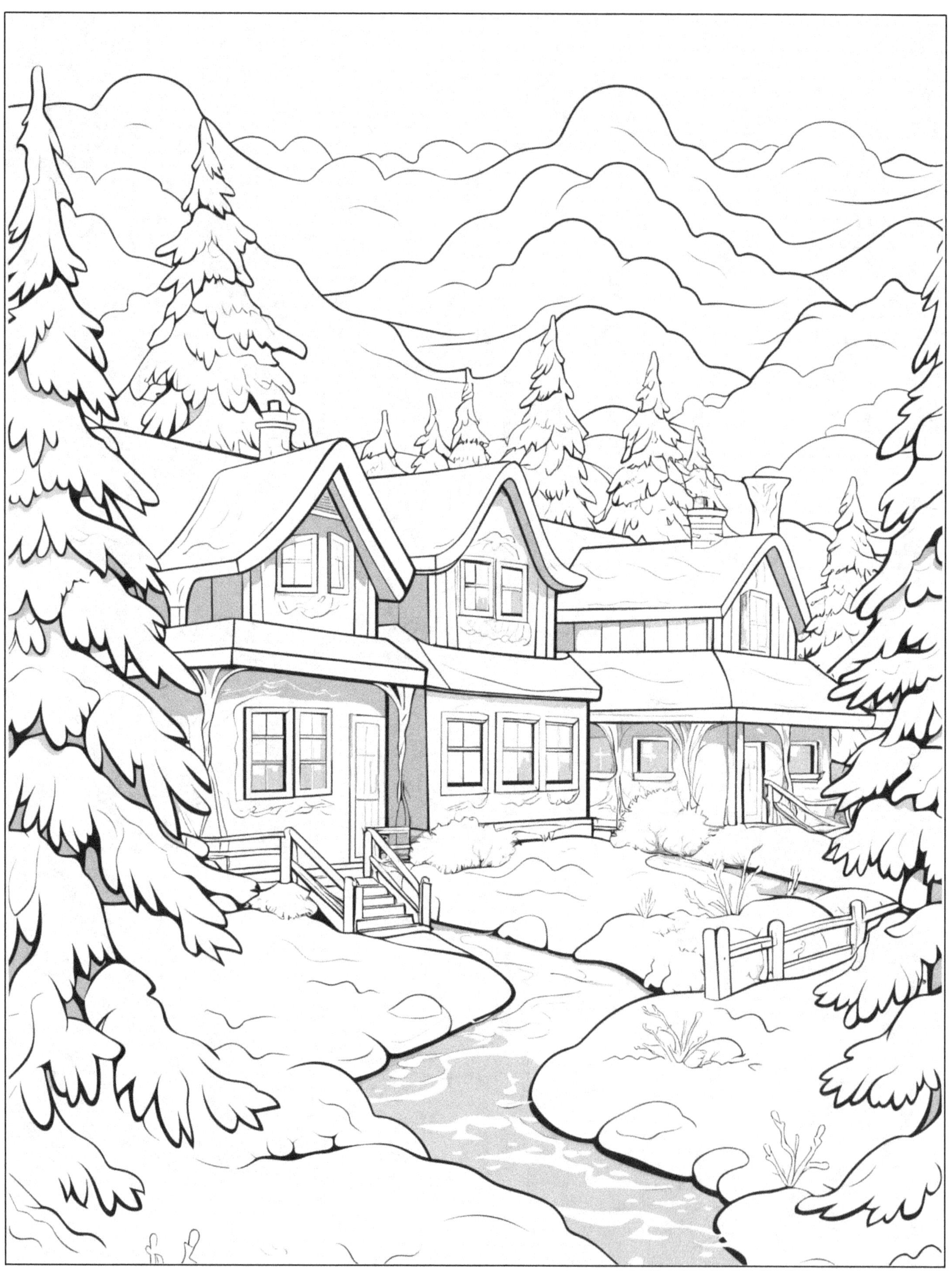

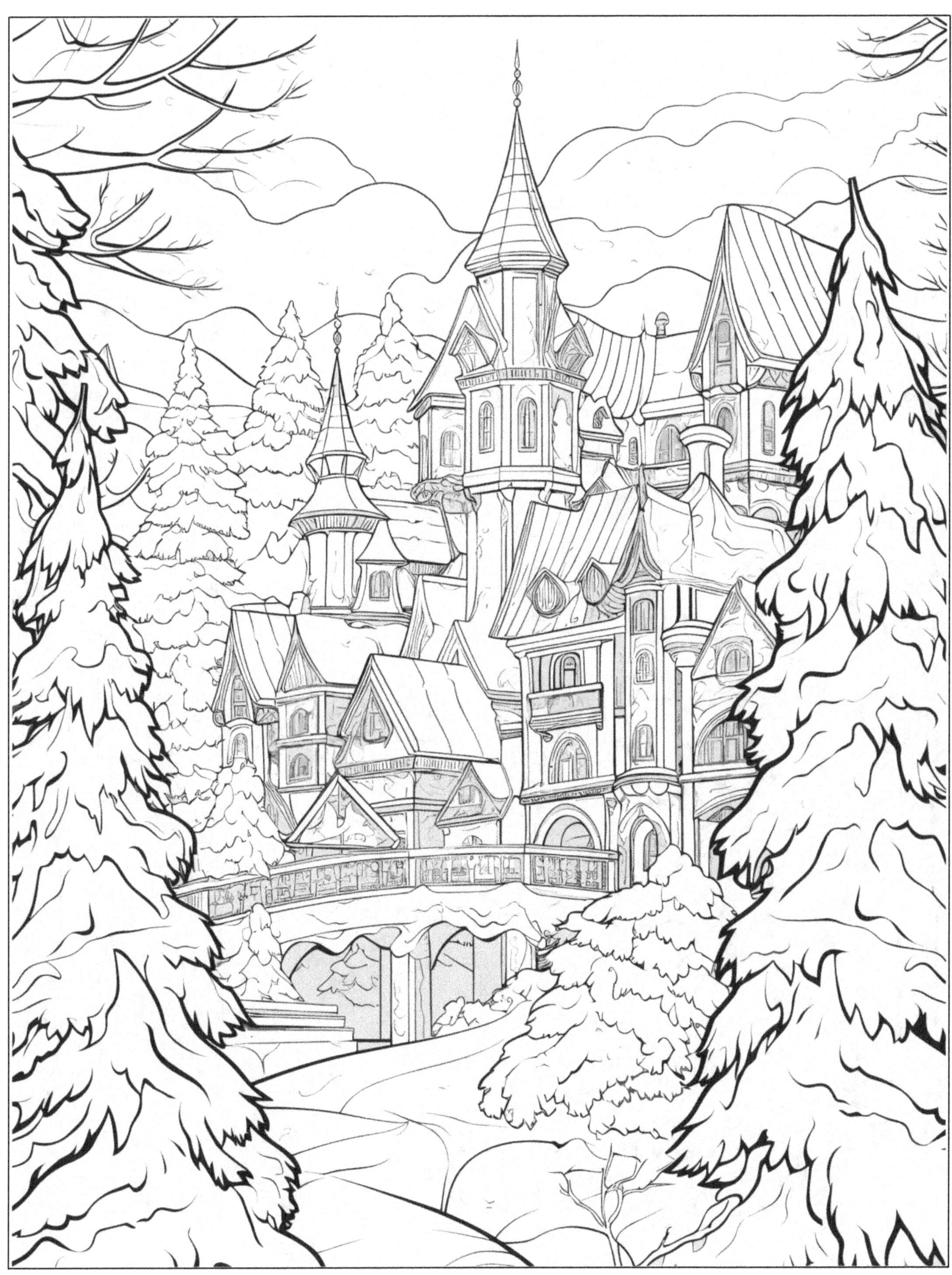

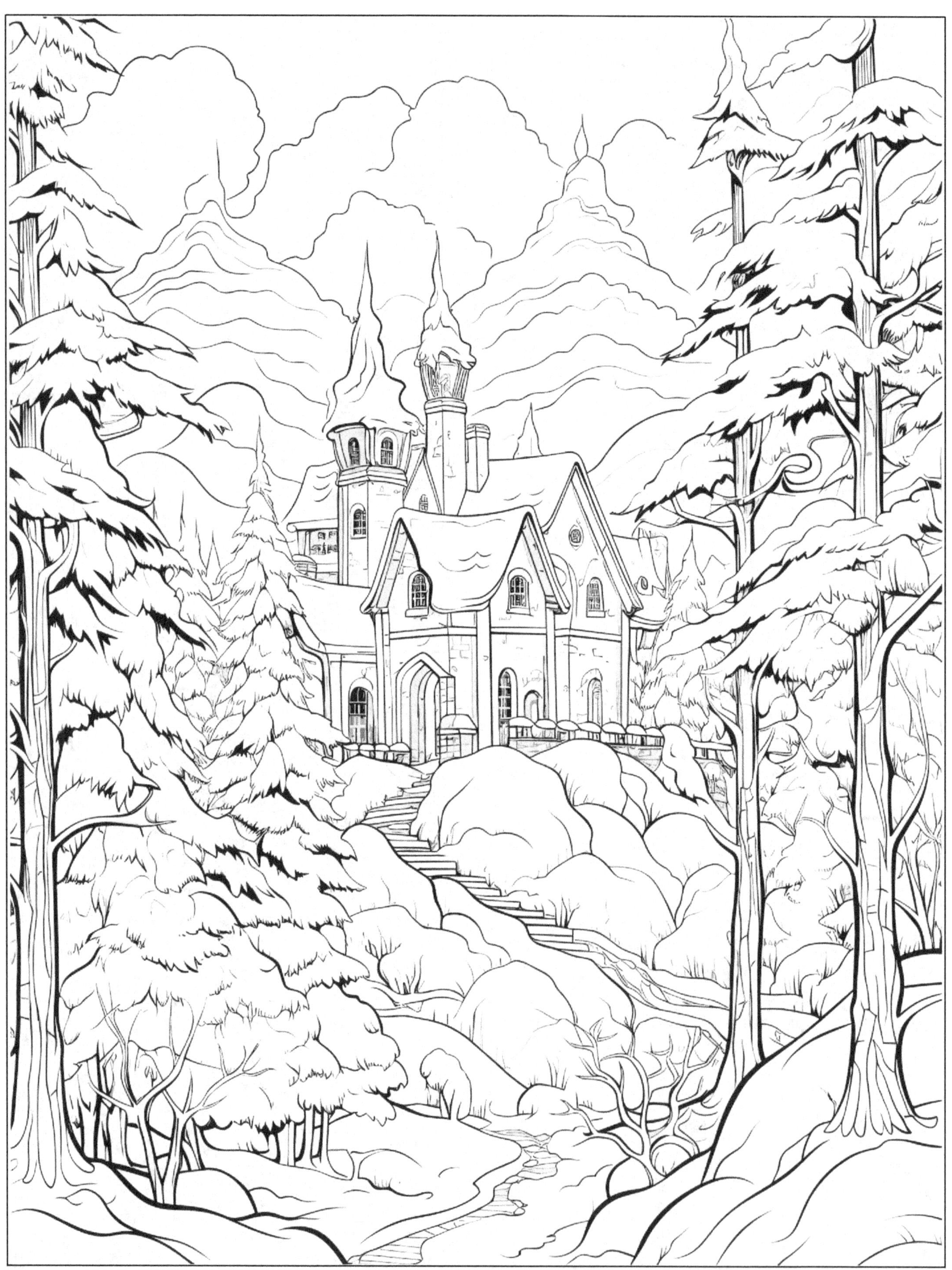

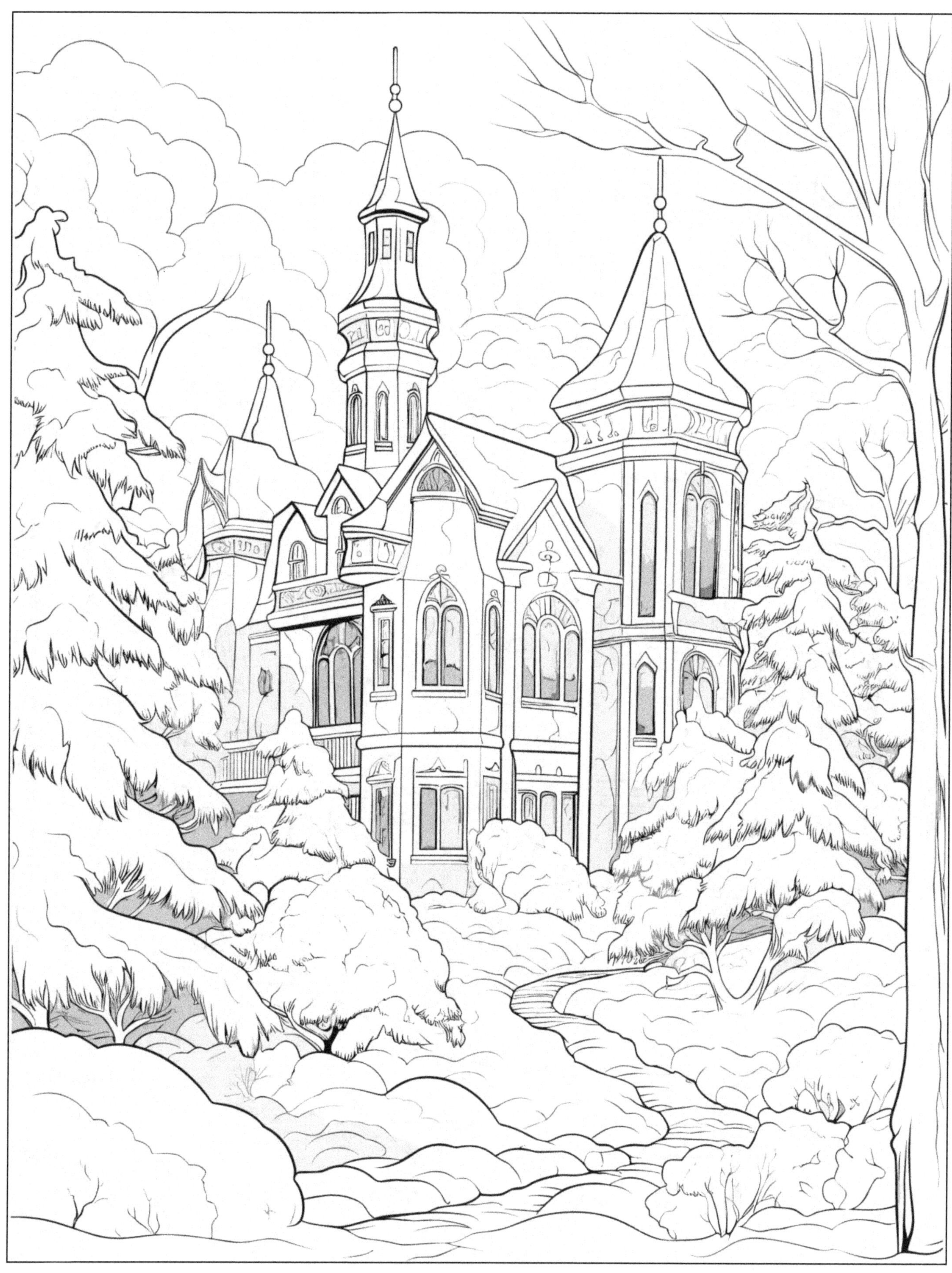

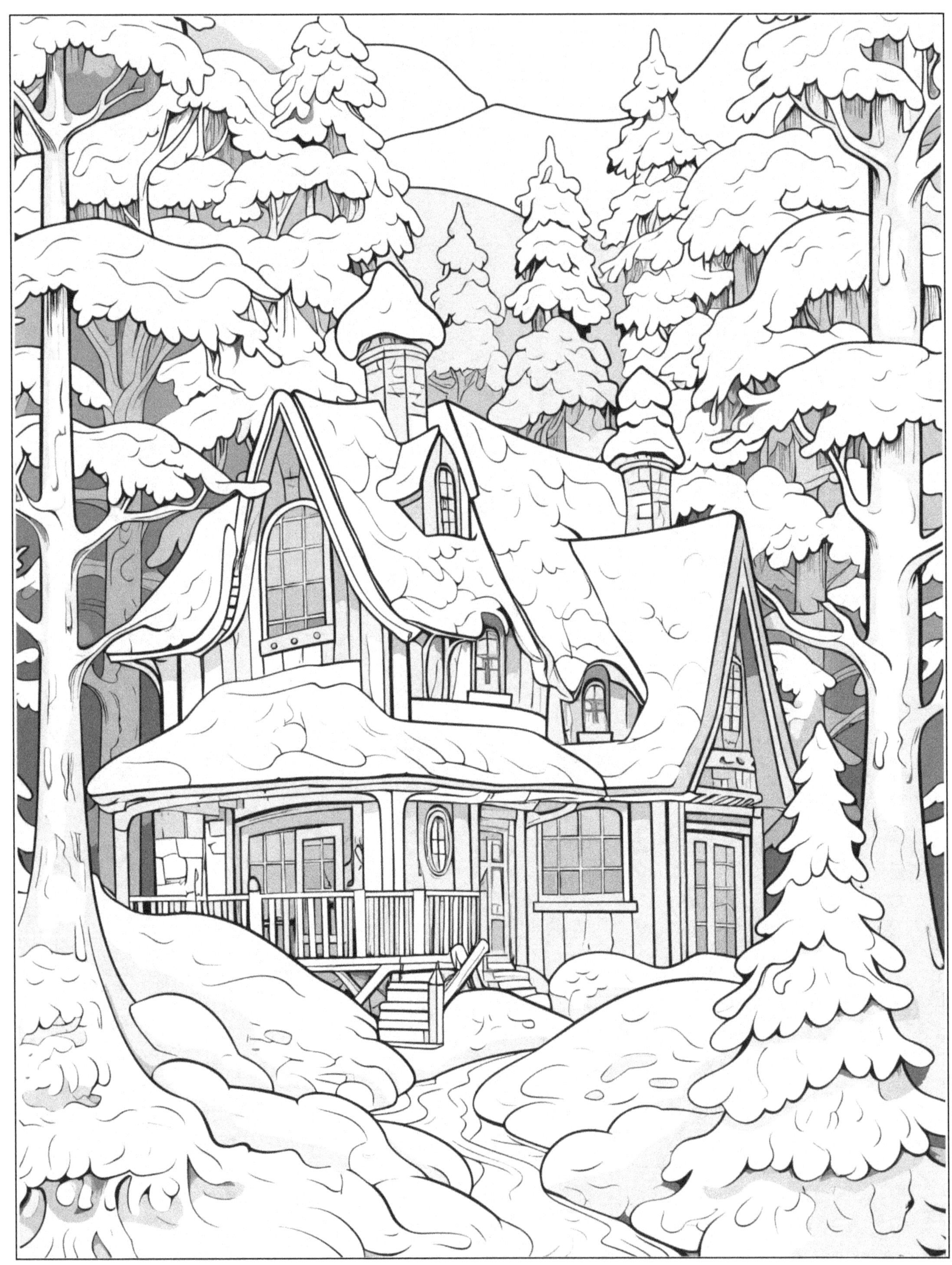

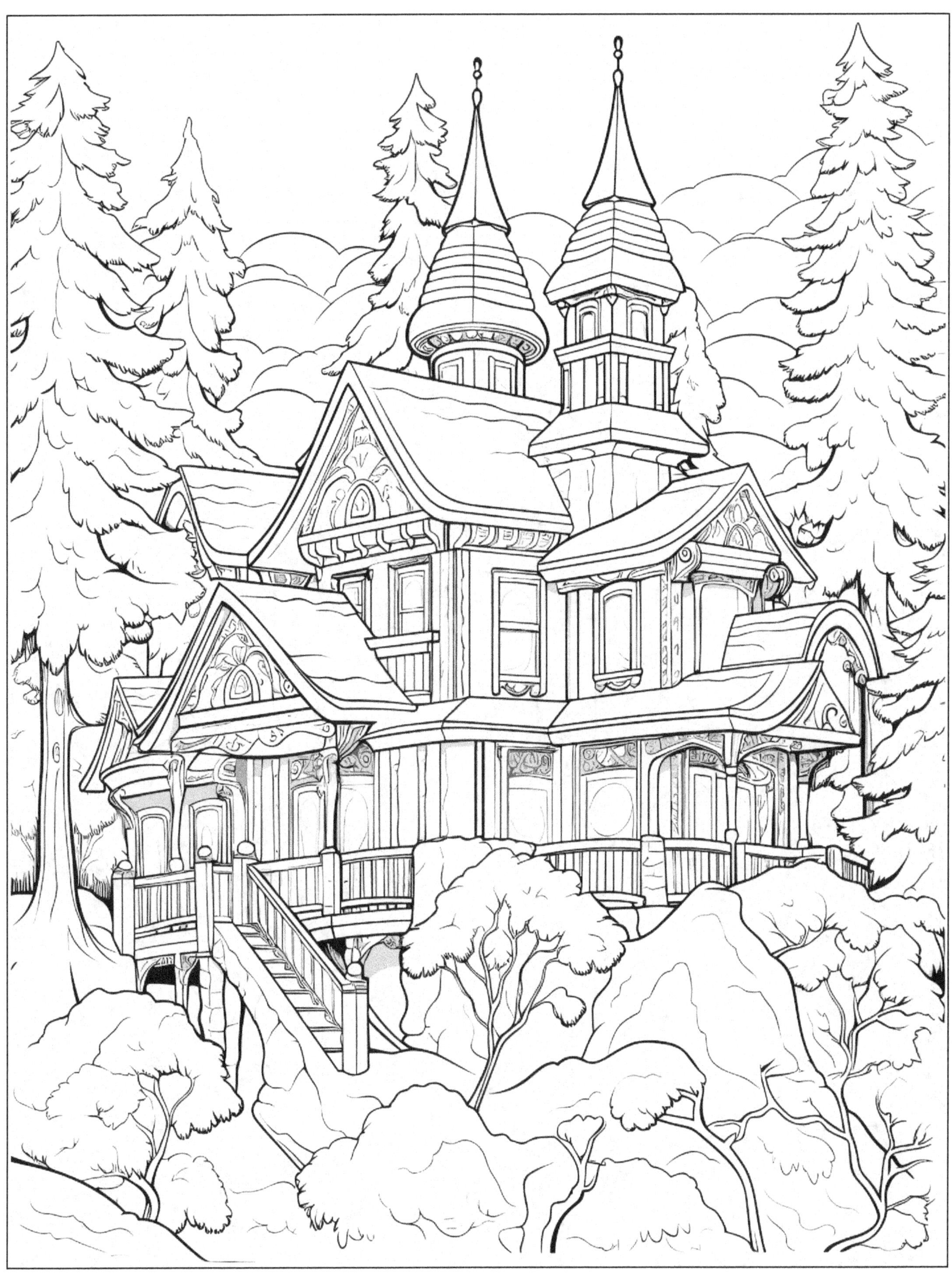

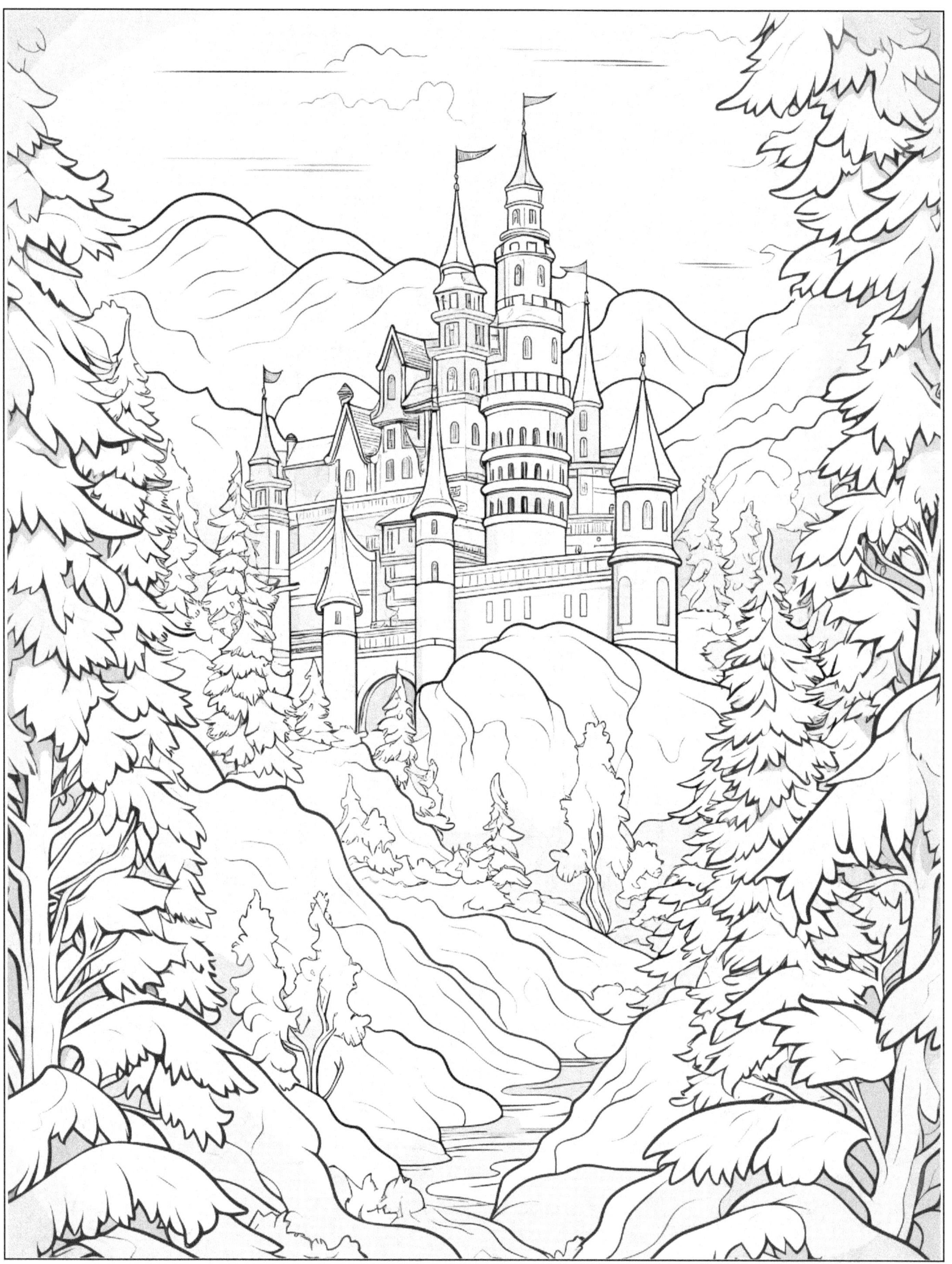

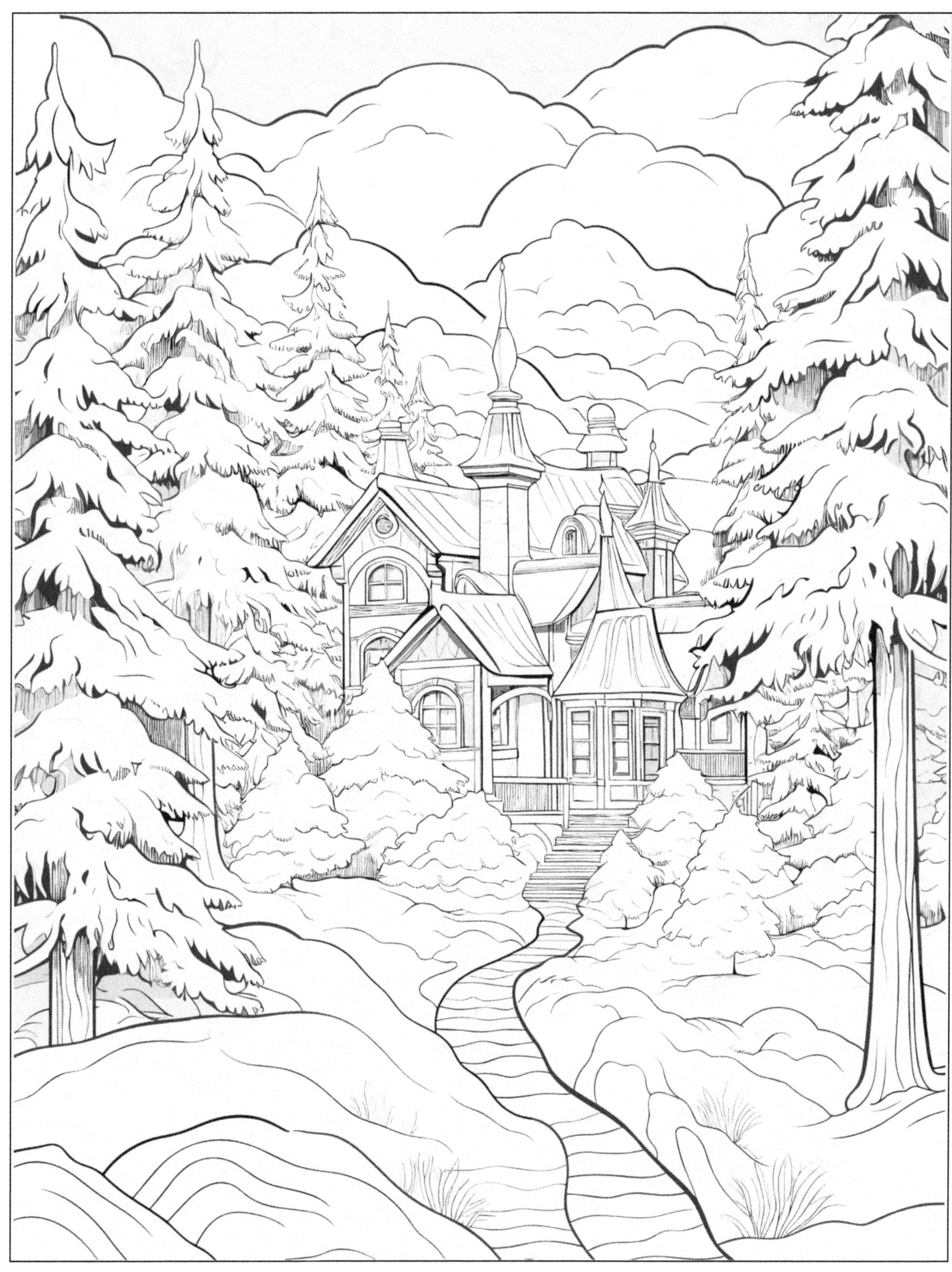

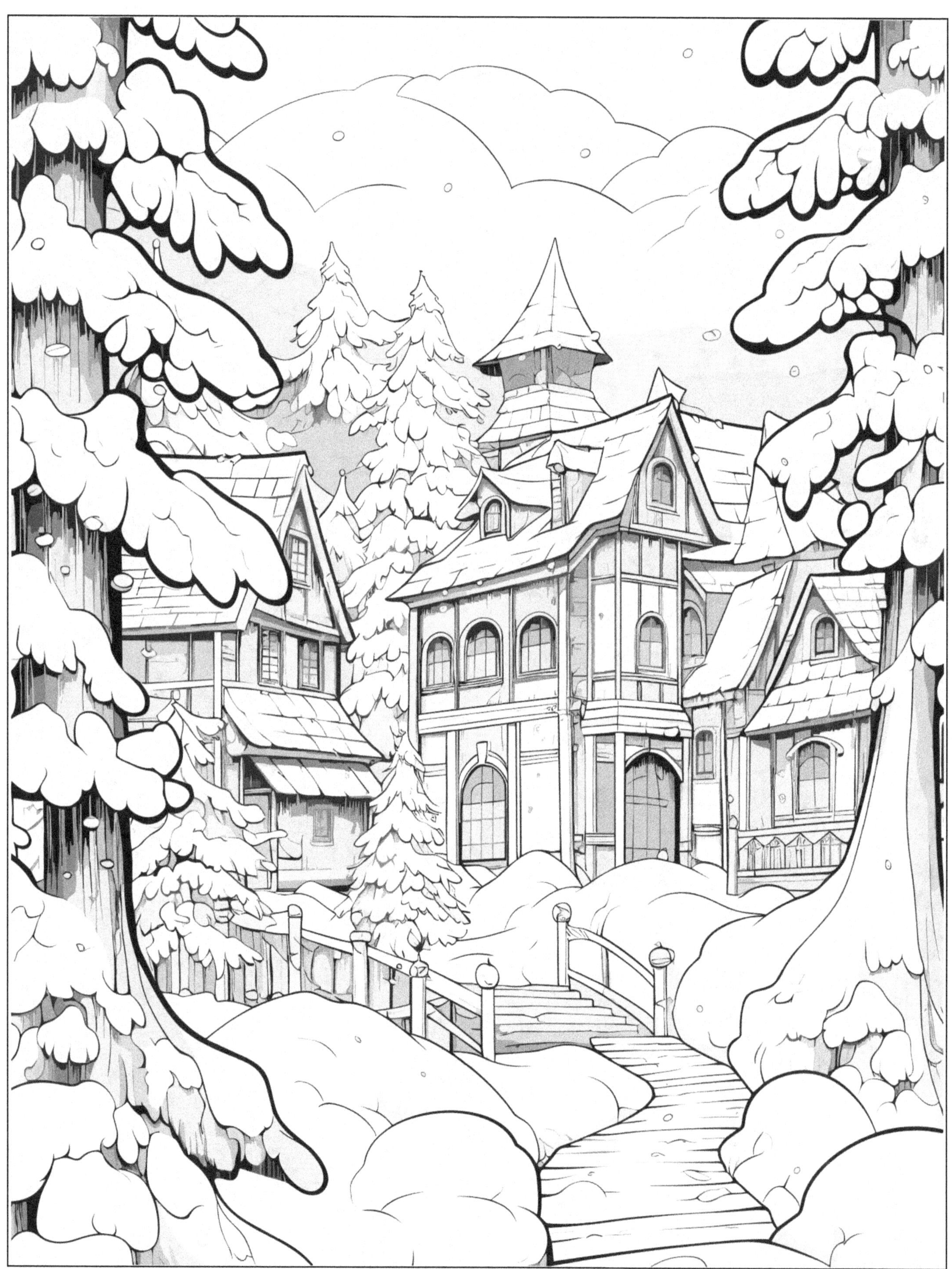

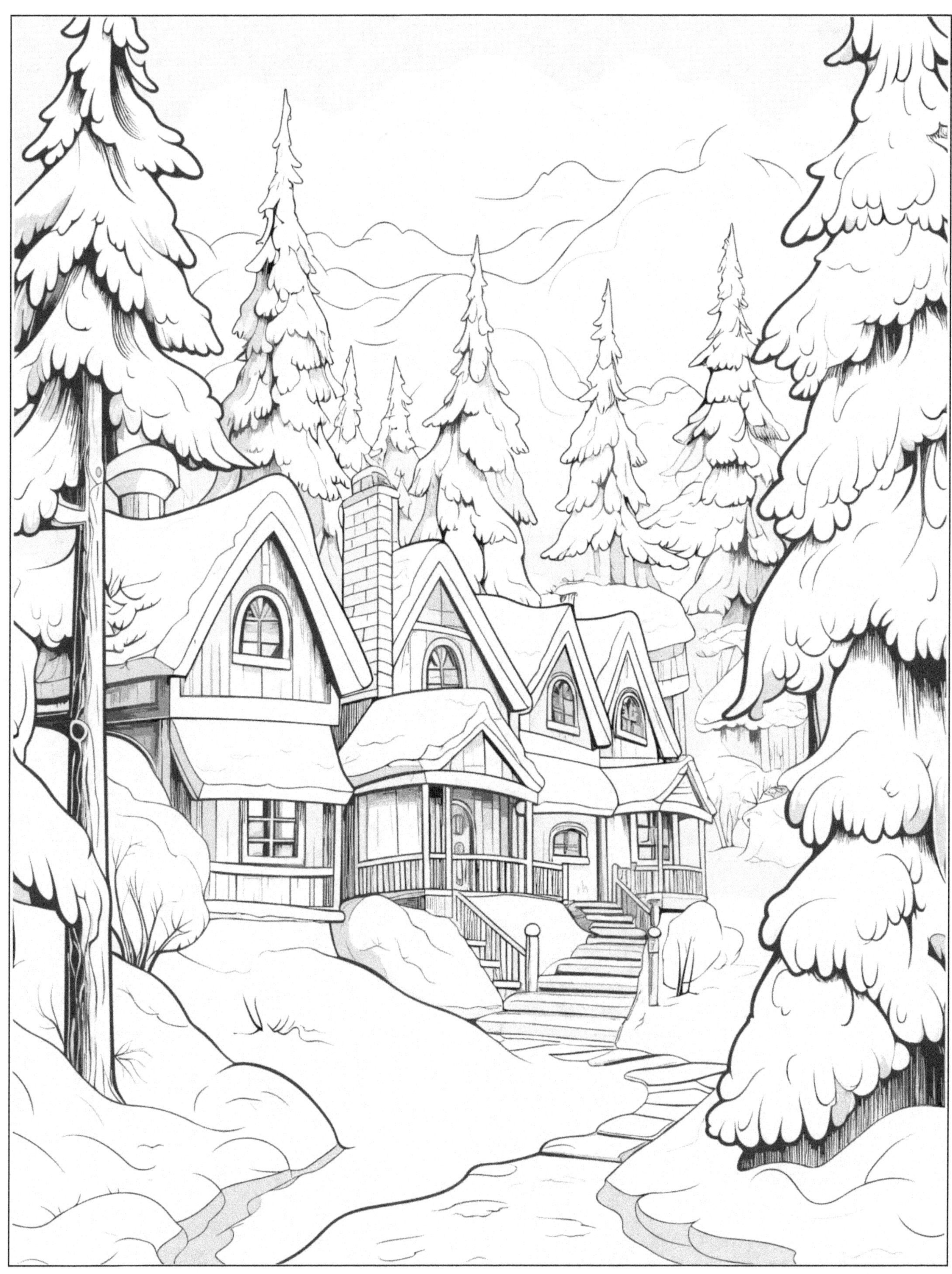

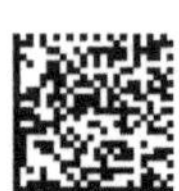

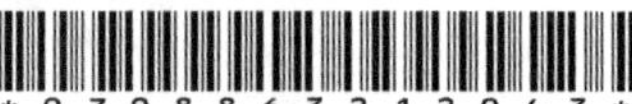
9 798863 212043